Colloquial
Catalan

The Colloquial Series

Series Adviser: Gary King

The following languages are available in the Colloquial series:

* Afrikaans
* Albanian
* Amharic
  Arabic (Levantine)
* Arabic of Egypt
  Arabic of the Gulf and
  Saudi Arabia
  Basque
* Breton
  Bulgarian
* Cambodian
* Cantonese
* Catalan
* Chinese
* Croatian and Serbian
* Czech
* Danish
* Dutch
* Estonian
* Finnish
* French
* German
* Greek
  Gujarati
* Hebrew
* Hindi
* Hungarian
* Icelandic
* Indonesian
  Italian

* Japanese
* Korean
* Latvian
* Lithuanian
  Malay
* Mongolian
* Norwegian
  Panjabi
* Persian
* Polish
* Portuguese
* Portuguese of Brazil
* Romanian
* Russian
* Scottish Gaelic
* Slovak
* Slovene
  Somali
* Spanish
* Spanish of Latin America
* Swahili
* Swedish
* Tamil
* Thai
* Turkish
* Ukrainian
  Urdu
* Vietnamese
* Welsh

Accompanying cassette(s) (*and CDs) are available for all the above titles. They can be ordered through your bookseller, or send payment with order to Taylor & Francis/Routledge Ltd, ITPS, Cheriton House, North Way, Andover, Hants SP10 5BE, or to Routledge Inc, 270 Madison Ave, New York NY 10016, USA.

COLLOQUIAL CD-ROMs
Multimedia Language Courses
Available in: Chinese, French, Portuguese and Spanish

Colloquial
Catalan

The Complete Course
for Beginners

Toni Ibarz and Alexander Ibarz

Routledge
Taylor & Francis Group

LONDON AND NEW YORK

First edition published 2005
by Routledge
2 Park Square, Milton Park, Abingdon, Oxon OX14 4RN

Simultaneously published in the USA and Canada
by Routledge
270 Madison Ave, New York, NY 10016

Routledge is an imprint of the Taylor & Francis Group

Typeset in Times by
Florence Production Ltd, Stoodleigh, Devon

Printed and bound in Great Britain by
TJ International Ltd, Padstow, Cornwall

British Library Cataloguing in Publication Data
A catalogue record for this book is available from the
British Library

Library of Congress Cataloging in Publication Data
Ibarz, Toni.
    Colloquial Catalan: the complete course for beginners / Toni Ibarz and
    Alexander Ibarz
        p. cm – (The colloquial series)
    1. Catalan language – Textbooks for foreign speakers – English.
    I. Ibarz, Alexander, 1974–   II. Title.   III. Series
    PC 3827.5.E5I33 2004
    449′.982421–dc22   2004010466

ISBN 0–415–23412–3 (Book)
ISBN 0–415–23413–1 (Cassettes)
ISBN 0–415–30256–0 (CDs)
ISBN 0–415–23414–X (Pack)

Contents

Acknowledgements

A language course is always the result of years of experience learning from those we teach. The first acknowledgement goes to them. We also have to thank those involved in the quality control: Pauline Hart, an experienced 'teach yourself' language learner, for checking that the activities and the explanations work; Esther Monzó (Universitat Jaume I), for reading and checking the text (but remaining mistakes are all ours); Puri Gomez and Spencer Groves of POLYGLOTA, for their contribution to some of the units; Steve Woolley, for the feedback; Bob Britton, for the illustrations, and Alan Yates, to whom we are doubly indebted: for his initial participation in this project and for his influential books on the Catalan language. Finally, we thank the editorial team at Routledge for their guidance and support.

What is *Colloquial Catalan?*

This book is part of the Routledge *Colloquial* series. 'Colloquial' is used with its full original meaning of 'spoken language' and not with the meaning often favoured by Catalan-speakers of 'informal', even 'vulgar' language.

Colloquial Catalan is a course for absolute beginners which offers the possibility of learning enough spoken Catalan to communicate effectively in real-life situations. The topics included cover daily life, travel, work and leisure, making it suitable for the cultural traveller, those starting a new life in a Catalan-speaking area, and the university student who needs to learn the language in a short period of time.

Colloquial Catalan is structured around sequences of life-like dialogues which offer access to the key aspects of the language and the culture of the Catalan-speaking peoples. In this way the language is always presented in a meaningful context. After studying the first few units you will be able to engage in simple communication and gain the respect of local people. The book covers the main aspects of Catalan grammar and develops your listening and speaking skills, together with reading and, to a lesser extent, writing.

Individual learning and group teaching

Colloquial Catalan is designed mainly with the self-learner in mind. It requires no previous language learning experience because the explanations are as straightforward and gradual as possible, and are illustrated with examples. The course offers the basic ingredients of language learning: exposure to the language, clear explanations and opportunities to practise. Therefore, it can be easily adapted to small group and classroom teaching. If used in the classroom, it offers the advantage of freeing the tutor from spending time explaining the language. This is particularly useful when the tutor is not an English native speaker, as is often the case, and is not aware of the way some English speakers can be challenged by grammar.

The Catalan language

Catalan is a Romance language with many similarities to other languages in this group, such as Portuguese, Italian or Spanish. Catalan also shares many features with English, which helps make it easy to learn. If you look at some of the texts you should be able to identify quite a few words, even before you start your studies.

There are close to seven million speakers of Catalan in the eastern part of the Iberian Peninsula who have it as their mother tongue, another 4 million understand Catalan and use it passively. It is also spoken in other areas linked to Catalonia by history and geography: Andorra, where it is the official language, Cerdagne and Roussillon, in what is now south-eastern France, and L'Alguer (Alghero), on the island of Sardinia. Catalan is less well known in the English-speaking world than several other European languages with fewer speakers, because the areas where it is spoken do not correspond to the boundaries of a state. It was only relatively recently that interest in the language has become more widespread in anglophone countries. One factor has been the consolidation of Barcelona as a favourite tourist destination, especially since the Olympic Games of 1992.

This course focuses mainly on the Catalan spoken in the area of Barcelona and central eastern Catalonia, a variety sometimes referred to as the central or standard variety, which predominates in the media and education system. Catalan is also spoken in other areas well known to the modern traveller, such as the Balearic Islands and Valencia, where the language has its own distinctive features and its own creative force. Learners whose interest is linked to these areas will still find this book useful. The main features of the language are the same, and you will soon pick up the differences by listening closely to local speakers. Speaking as the locals do is, after all, an important aim of all language learners.

How is the course structured?

The course is divided into 20 units which in turn are divided into dialogues linked by a theme. Most learners may choose to cover one dialogue during each session of study. Our advice is that you should consider each dialogue as the basic unit of study, because short frequent sessions tend to be the most productive way of approaching language learning.

Units 1–5 are short, and focus on getting used to the sounds of the language, developing good comprehension habits and becoming familiar with the basic grammar. Units 6–10 cover most essential vocabulary and structures for daily tasks, such as talking about the family, going shopping for food and going out. In units 11–20 the level of difficulty increases and more advanced points of grammar are introduced progressively.

How to work on each dialogue?

The recordings are a fundamental part of this course. Much can be learnt from the written text on its own, but the ability to understand what others are saying is a key aspect of communication and listening to the audio will allow you to imitate native speakers. Here is the recommended procedure to follow with each of the dialogues:

1) Read the rubric that precedes the dialogue so that you know the context in which it takes place.
2) Resist the temptation to read the written version of the dialogue first. It is much better if first you listen carefully to the audio, just as you would do when someone talks to you or when you hear an announcement, situations in which you don't have any written help.
3) Listen to the dialogue at least twice. Try to find out or guess what is going on and what the characters are saying.
4) Now look at the written text.
5) Check the **Vocabulary** and read the **Culture notes** and the **Language points**.
6) When you understand what the text means and you have read the grammar points, you should listen to or read the dialogue again, paying special attention to how things are said and how the language is used.
7) Complete the **Exercises** relating to the dialogue or to the whole unit if appropriate.

Complementary sections

The **Pronunciation guide** is no substitute for listening carefully to the audio and imitating native speakers, but it may help you with aspects of the sound system and intonation.

The Grammar reference extends and complements some areas of grammar and allows for quick reference, especially of verb endings.

The Language builders have a similar function in relation to vocabulary and basic expressions.

The **Catalan–English glossary** includes most words that appear in the book. The **English–Catalan glossary** includes only words needed to complete the exercises.

The Key to exercises allows you to check your responses.

Feedback

We would very much welcome any feedback on the experience of using this course and how it may be improved. Please e-mail or write to the authors at Routledge.

Dictionaries and further reading

You are going to find a bilingual dictionary very useful, particularly in the second half of the course, where not all the words are listed in the glossaries. Of the mid-size and affordable dictionaries we recommend: *Diccionari Oxford Pocket Català per a estudiants d'anglès* (Oxford University Press, second edition, Oxford, 2002), and *Larousse Diccionari Pocket: Català-Anglès, English-Catalan* (Larousse, Barcelona, 2000). The latter includes pronunciation of Catalan words.

The most up-to-date and authoritative Grammar in English is: Max. W. Wheeler, Alan Yates and Nicolau Dolç, *Catalan: A Comprehensive Grammar* (Routledge, London, 1999).

For a modern introduction in English to the culture, history and literature, which is especially strong on *modernisme*: Robert Hughes, *Barcelona* (Harvill, London, 1992). Also highly informative are Colm Tóibín, *Homage to Barcelona* (Picador paperback, London, 2002) and John Payne, *Catalonia: History and Culture* (Five Leaves Publications, Nottingham, 2004).

For an introduction to politics: Montserrat Guibernau, *Catalan Nationalism: Francoism, Transition and Democracy* (Routledge, London, 2004); and Albert Balcells, *Catalan Nationalism: Past and Present* (with an introduction by G. J. Walker, Macmillan, London, 1995).

For gastronomy, read Colman Andrews, *Catalan Cuisine: Europe's Last Great Culinary Secret* (The Harvard Common Press, Boston, 1999).

Finally, the Internet will give you access to an important range of resources that you may find very useful. For example: www.cercat.com/lincaweb/recurscat and www.xtec.es (Xarxa Telemàtica Educativa de Catalunya). Judicious use of a search engine should take you to the sites that meet your individual interests and language needs.

Pronunciation guide

The alphabet

a	a
b	be (alta)
c	ce
ç	ce trencada
d	de
e	e
f	efa
g	ge
h	hac
i	i
j	jota
k	ca
l	ela
m	ema
n	ena
o	o
p	pe
q	cu
r	erra
s	essa
t	te
u	u
v	ve baixa
w	ve doble
x	ics
y	i grega
z	zeta

Pronunciation

To achieve good pronunciation there is no substitute for listening to the audio and if possible to native speakers. Try to reproduce the sounds you hear. Below are guidelines to keep in mind. Note that they relate to the pronunciation of 'central' Catalan sounds and do not include regional variations.

Colloquial pronunciation 1: consonants which differ from English

The sounds represented by Catalan consonants are very similar to English. The main difference is that consonants like **b**, **d**, **g**, **p**, **t**, have a softer pronunciation. Other differences are described below.

b/v	After a vowel: softer than English, with only slight contact between the lips; **auto***b***ús, a***v***ió, ha***b***itual**. [b]
ce/ci/ç	Always pronounced like /s/ in *city;* **c***ervesa*, **à***c***id, pla***ç***a, Bar***ç***a**. [s]
d	1) <u>Between vowels and after **r**</u>: like the /th/ in *the* or *that*; **vi***d***a, Gau***d***í, per***d***ó**. [ð] 2) <u>At the end of a word</u>: Like the /t/ in *flat* or *hot* but softer; **líqui***d***, fre***d***, ver***d***. [t]
ge/gi/je	Like /s/ in *measure* and *vision* or /g/ in *general;* **jardí, pro***j***ecció, general**. [z] [dʒ]
h	Always silent, not pronounced; **h***ome*, **h***otel*, **h***istòria*.
l·l	Represents a reinforced /l/ sound; **inte***l·l***igent, nove***l·l***a**. [ll]
r	1) <u>In initial position and after **l, m, n, s**</u>: rolled with the tip of tongue against the hard palate; **R***ambla*, **R***oma*. [rr] 2) <u>In intermediate positions</u>: pronounced with a single contact of tongue against palate; **Mi***r***ó, Gi***r***ona, Costa B***r***ava**. [r] 3) <u>In final position</u>: it is silent, not pronounced. This is the case with infinitives and many nouns; **estudia***r***, professo***r***, parado***r***.

s	Between vowels: pronounced like /z/ in *lazy, nose* or *does*; **casa, música, rosa**. [z]
t	1) <u>In most positions</u> the pronunciation is like *take* or *cost*, with the tip of tongue against the top teeth; **Tarragona, cos*t*ar**. [t]
	2) <u>In a final position</u> after /l/, /n/, or in the group /rts/ it is not pronounced; **mol*t*, dependen*t*, dimar*ts***
x	1) <u>At the beginning of a word</u>: it is pronounced like the /sh/ of English *shus*; ***x*ocolata, *X*ina, *x*oriço**. [ʃ]
	2) <u>In other positions</u>: the pronunciation is similar to English in *exotic* or *fix*; **exòtic, fixar, èxit**. [ks] [gz]

Colloquial pronunciation 2: word stress

On hearing Catalan words you will note that part of the word carries the main stress. For example: **Barcelona**, pronounced **Bar-ce-LO-na**, and **universitat** pronounced **u-ni-ver-si-TAT**. Words of one syllable are stressed with the exception of articles, some pronouns and some prepositions. As always the best advice is to listen carefully and imitate what you hear.

However, when you come across a word in writing, except in some good dictionaries which tell you where the stress is, you can only know where to place the stress by following 3 simple rules that apply to most words.

1. Stress falls on the next-to-last syllable of words ending in either:

a single vowel	(e.g. **TarraGOna, PALma, AnDOrra**)
vowel + **s**	(**cerVEses, CAses, RAMbles**)
-en, -in	(**viSIten**)

2. Words ending in a consonant usually carry the stress on the final syllable (e.g. **restaurANT, vocAL, consonANT, hoTEL, visiTAr**).

3. Where neither 1 or 2 apply, stress is indicated with a written accent mark on the syllable which carries it (i.e. **MÚsica, teLÈfon, americÀ, anglÈS**).

Colloquial pronunciation 3: vowel sounds

Catalan vowel sounds are generally shorter and sharper than in English

Unstressed and stressed i and u

i   Like the **i** sound in te**a**ch (p**ea**ch, mar**i**ne, s**ee**n) but shorter and sharper; p**i**zza, p**i**ntura, d**i**fíc**i**l. [i]

u   Similar to the **u** in p**u**ll (p**u**t, f**u**ll, b**u**ll); ridíc**u**l, n**ú**mero, f**u**riós. [u]

Unstressed a, e and o

a/e   Both unstressed **a** and unstressed **e** represent a relaxed neutral sound similar to f**a**ther, sug**a**r, inf**a**nt, **a**nnoy. Examples are: hol**a**, Giron**a**, S**a**grad**a** F**a**milia, par**e**, mar**e**. [ə]

o   Unstressed **o** is the same sound as the letter **u**; M**o**ntserrat, **o**ral, al·leg**o**ria. [u]

Stressed a, e and o

a   Between the /a/ sounds in English c**a**t (but more open) and c**a**rd; S**a**grada, visit**a**r, **à**lgebra. [á]

e   Open **e** is like the /e/ in English s**e**ll (g**e**t, b**e**d, **ai**r); caf**è**, t**e**rra, tel**è**fon, comit**è**. [ɛ́]

    Closed **e** is like the **e** sound in n**ei**ghbour or r**ai**n (without the i sound); acc**é**s, congr**é**s, prud**e**nt. [é]

o   Open **o** is like in the English l**o**gic (**o**bvious, **o**mnivore, **o**pera); h**o**me, d**o**na, **ò**pera, l**ò**gica. [ɔ]

    Closed **o** is like the English in **au**thor or **or**der; Barcel**o**na, est**ó**mac, aut**o**r. [ó]

Four considerations in relation to Catalan vowels:

1 By looking at the examples you will notice that Catalan uses both the *grave* or *open* (ˋ) and the *acute* or *close* (ˊ) written accents. A graphic accent mark is used only in words that do not follow rules 1 and 2 of word stress (see above). The grave accent is used for open stressed vowels and the acute for close stressed vowels. Stressed **a** is always 'open' and is written with the grave accent **à** and **i** and **u** are always 'close' written when appropriate as **í** and **ú**, as in the examples in the chart above.

2 As seen on the previous page, **e** and **o** can be sometimes 'open' and sometimes 'close'. When **e** and **o** have an accent it is easy to know whether the sounds are 'open' (**è,ò**) or 'close' (**é,ó**). However, if there is no written accent it is difficult to know unless we hear someone pronouncing the word or we pay close attention to the audio. Do not worry about this point. It does not normally interfere with comprehension and you will gradually master it. Take into account that there are some regional variations in the pronunciation of open/close vowels which allow for. adaptability between listeners and speakers. However, when writing, all users adopt the conventions outlined here.

3 Many words have two vowel sounds next to each other (diphthongs). In most cases they are pronounced as separate sounds, for example: **oasi, client**. However, if the second sound is 'i' or 'u' the /i/ sound changes to the sound of the English /y/ in *day* (for example: **espai, Lleida**) and the /u/ sound changes to the sound of the English /w/ in *now*. For example: **au**tobús, Gaudí, Sal**ou**, **eu**ro, ci**u**tat.

4 When a word finishes in a vowel and the next word starts also with a vowel (above all unstressed **e** and **a**), they are usually run together (word liaison). For example: un**a a**miga meva v**a a** **A**nglaterra **a e**studiar. This is an important feature for two reasons: 1) Once you have mastered it, your speech will sound much more natural; and 2) In the early stages of contact with the language, the running of words together can be a challenge to the untrained ear.

Colloquial pronunciation 4: single sounds represented by two letters (digraphs)

Note that digraphs represent one sound. So, for example, **caixa** is pronounced /casha/, the **i** before the **x**, in this case, represents the sound /sh/ (as opposed to the sound /x/ in **èxit** /egsit/).

qu	1) **que**, **qui**: is pronounced like /k/ in *cat*, *kick*, *chemical*, or *curtain*; **que**, **qui**lòmetre, or**que**stra. [k]
	2) **qua**, **quo**, **qüe**, **qüi**: represents /qu/ in English *quick*, *quota*, *quality*, or *question*; **quo**ta, **qua**litat, **qüe**stió. [kw]
gu	1) **gue**, **gui**: the same sound a /gu/ in *guide*, *guitar*, *gate*, or *gold*; **gue**rra, **gui**tarra. [g]
	2) **gua**, **guo**, **güe**, **güi**: /wa/ in *water* or *ambiguity*; **ai**gua, **ambig**üitat. [gw]
ll	Sounds like /l/ and /y/ together pronounced like *lli* in *million*; **ll**ibertat, **ll**una, **ll**engua. [ʎ]
l·l	Represents a reinforced /l/ sound; **intel·l**igent, **novel·l**a. [ll]
ny	Sounds like /n/ and /y/ together as in *onion*; **Catalu**nya, **Espa**nya. [ɲ]
rr	Is a rolled sound, pronounced like Catalan /r/ in initial position; **Ando**rra, **Medite**rrani. [rr]
ss	Like /s/ in initial position, the same as *Picasso*, *pass* or *classic* in English; **Picasso**, **pa**ssar, **clà**ssic. [s]
-ix	After a vowel **-ix** is pronounced like /sh/ in *shush*; **Ca**ixa, **E**ixample. [ʃ]
-tx/-ig	Sounds like /tch/ in English as in *match* or *catch*; **co**txe, **sandvi**tx, **ma**ig, **des**ig. [ʧ]

FRANCE

ANDORRA

Viella

• Andorra la Vella

FRENCH CATALONIA

• Perpinyà

CATALONIA

• Girona

Lleida •

ARAGON

Fraga •

Reus •

• Tarragona

Tortosa •

Barcelona

• Castelló de la Plana

• València

IBIZA

MINORCA

Palma de Mallorca •

MAJORCA

BALEARIC ISLES

NEW CASTILE

VALENCIA

Alacant •

MURCIA

L'Alguer •

SARDINIA

——— State frontier   ——— Regional boundary   ——— Language boundary

Where Catalan is spoken

1 Benvinguda i benvingut!

Welcome!

In this unit you will learn about:

- Meeting and greeting people
- The present tense of **ser** 'to be'
- Subject pronouns: 'I', 'you', 'he', 'she', etc.
- Personal articles
- **Tu** and **vostè**
- The gender of nouns and adjectives

Welcome (**benvinguda** or **benvingut**) to our Catalan course! Our journey begins, like so many, at the airport, a typical place for meetings and greetings. At first you will be dealing with familiar situations and you may be able to make out the gist of the conversations in the opening dialogues, and perhaps even identify some words.

Throughout the course, we strongly recommend that you listen to the audio before looking at the text of the dialogue. In this way you will soon be able to cope with real situations in which Catalan is used. In such situations you will be talking to people without any written support, so start as you mean to finish!

Dialogue 1

Rachel and Sara meet for the first time at Barcelona airport. Sara tries to find out if she is talking to the right person and welcomes Rachel to Barcelona.

- **Listen carefully to the audio twice and see how much you can recognise.**

PUBLIC ADDRESS SYSTEM	La companyia Air Litoral anuncia l'arribada del vol AL673, procedent de París.
SARA	Perdona, ets la Rachel?
RACHEL	Sí, sóc la Rachel Woodhouse.
SARA	Hola, jo sóc la Sara Font.
RACHEL	Encantada.
SARA	Igualment. Benvinguda a Barcelona.
RACHEL	Gràcies.

Vocabulary

l'arribada (f.)	arrival
del vol	of the flight
hola	hello
perdona	excuse me
ets	are you
sí	yes
sóc	I am
encantat, -da	delighted/pleased to meet you
igualment	so am I/equally
benvingut, -da	welcome
a	to
gràcies	thank you

From now on, to help focus on comprehension whilst you listen to the audio, dialogues will often be preceded by questions or other activities. In most cases the answers can be checked when you look at the written version of the dialogue. The language points belonging to this dialogue will be explained after the next dialogue; now go straight on to Dialogue 2.

Dialogue 2 🎧

*Two travellers, senyora Mata and Rosa Garcia, are met by a hotel representative (**representant**), senyor Massip, who mistakes senyora Mata for Rosa Garcia. As in Dialogue 1, listen to this dialogue twice before looking at the text.*

• **What's the name of the hotel?**

REPRESENTANT	Hola, bon dia. Vostè és la senyora Garcia?
SENYORA MATA	No, la senyora Garcia és ella, jo sóc la senyora Mata. I vostè qui és?
REPRESENTANT	Jo sóc el senyor Massip de l'Hotel Central.
SENYORA MATA	Molt de gust.
REPRESENTANT	Encantat.
SENYORA MATA	Rosa, el senyor Massip de l'Hotel Central.
ROSA GARCIA	Encantada.
REPRESENTANT	Molt de gust.

Vocabulary

bon dia	good day, good morning
la senyora	Mrs
qui	who
el senyor	Mr
de	of, from
l'hotel (m.)	hotel
molt de gust	a great pleasure/ pleased to meet you

Language points

The verb ser 'to be' 1

The verb **ser** 'to be' takes the following forms for the present tense:

Singular	**(jo)**	**sóc**	I am
	(tu)	**ets**	you are (familiar)
	(vostè/ell/ella)	**és**	you are (formal), he/she is
Plural	**(nosaltres)**	**som**	we are
	(vosaltres)	**sou**	you are (familiar)
	(vostès/ells/elles)	**són**	you are (formal), they are

The subject pronoun, shown here in brackets, is generally used only for emphasis, as in the first exchanges in our dialogue, when questions of identity are so important. Otherwise, the form of the verb itself is sufficient to indicate person ('I', 'you', 'she', etc.) and number (singular or plural). Normally, **senyora Mata** would introduce herself by saying simply: **sóc la senyora Mata**.

The article 1: the personal article

You will have observed how in Dialogue 1 the names of Sara and Rachel are preceded by **la**. This is called the 'personal article' and is used before first names. The masculine form is **el**: **sóc el Jordi** (= I'm Jordi); **ets el Martin?** (= are you Martin?). **El** and **la** are also used in front of **senyor** and **senyora**. Example: **vostè és la senyora Massip?**

Note that when you are addressing a person without using the verb 'to be', no article is used, as when **Sra. Mata** in the dialogue says to her friend: **Rosa ...** Similarly, if she were using her friend's title and surname, to attract her attention she would say: **senyora Garcia, el senyor Massip de l'Hotel Central**.

Tu *and* vostè *1*

Dialogues 1 and 2 illustrate the contrast between a context in which the familiar (**tu**) form of address is appropriate (the speakers are on first-name terms) and a more formal one where **vostè** is the proper convention. Note that **vostè** uses the third person of the verb, the same as 'he'/'she'.

Nouns 1

Nouns in Catalan, in common with the other Romance languages, are either masculine or feminine, and have a singular and plural form. In our vocabulary lists the gender of the noun is indicated by the preceding masculine or feminine article (= the): **el** or **la**. In a few cases the noun will be followed by (m.) or (f.) to indicate if it is masculine or feminine. In this respect dictionaries are very useful, as they not only tell you the meaning of words, but also give you other information. Consider the entry: **felicitat** *n.f. happiness*. The abbreviation *n.f.* tells you that the word is a feminine noun – and *n.m.* that it is a masculine noun. It is worthwhile spending a few minutes reading the introduction to your dictionary to learn how to get the most out of it.

Adjectives 1

Another important point brought out in these first two dialogues is how the word **encantada** is used by women and **encantat** by men. This is because it is an adjective and adjectives in Catalan always agree with the noun to which they refer. If the noun is masculine the adjective will be masculine, if the noun is feminine the adjective is feminine. This means that adjectives have two forms. In our vocabulary lists we give the masculine singular form first, with an indication of the feminine singular form: **encantat, -ada** (= **encantada**). **Benvinguda** and **benvingut** referring to you, female and male readers, and **benvinguda** in Dialogue 1, referring to Rachel, are further examples of the use of the two adjective endings.

Exercise 1

Fill in the gaps with the personal articles **el** or **la** or leave a blank space as appropriate. We use sentences 1 and 2 as examples:

Example 1: Vostè és ___ senyor Woodhouse?
Answer: **el**.

Example 2: Hola, _____ senyora Roger, benvinguda a Barcelona.
Answer: blank, no personal article is needed when addressing a person directly.

1 Vostè és _____ senyor Woodhouse?
2 Hola, _____ senyora Roger, benvinguda a Barcelona.
3 Vostè és _____ senyora Font?
4 Sóc _____ James.
5 És _____ senyor Borràs?
6 Ets _____ Joana?
7 No, sóc _____ Laura.
8 Són _____ senyor Bosquets i _____ senyora Petersen.
9 _____ Senyora Miró, benvinguda a Castelló.
10 Hola, _____ Jordi, benvingut a Palma.

Exercise 2 🎧

Listen to the audio and decide whether the sentences are formal (using **vostè**) or informal (using **tu**). Number 1 has been done for you.

	Formal	Informal
1	✓	
2	___	___
3	___	___
4	___	___
5	___	___
6	___	___
7	___	___

Exercise 3

Which form of the verb 'to be' do you hear on the audio? Number 1 has been done for you.

1 **sóc**
2 ___
3 ___
4 ___
5 ___
6 ___
7 ___
8 ___

Exercise 4

Respond to each question using the appropriate form of 'to be' from the box and the article **el** or **la**. The first two have been done for you.

> sóc   és   som   són

	Question		Answer
1	Qui ets? (Maria)	1	Sóc la Maria.
2	Qui sou? (família Woodhouse)	2	Som la família Woodhouse.
3	Qui ets? (Marta)	3	_____
4	Qui és ell? (Joan)	4	_____
5	Qui són? (Maria i Pere)	5	_____
6	Qui sou? (família Grau)	6	_____
7	Qui és vostè? (senyor Sugranyes)	7	_____
8	Qui ets? (John)	8	_____

Exercise 5

Fill in the gaps in this variation of Dialogue 2 with the appropriate form of **el/la**, **senyor/senyora**, **encantat/encantada**. For example: Vostè és <u>el</u> senyor Viola?

SENYORA BONET	Hola, bon dia. Vostè és _____ senyor Viola?
SENYOR CASALS	No, el senyor Viola és ell, jo sóc el _____ Casals.
SENYORA BONET	Jo sóc _____ senyora Bonet de l'Hotel Central.
SENYOR CASALS	Molt de gust.
SENYORA BONET	_____
SENYOR CASALS	Senyor Viola, la _____ Bonet de l'Hotel Central.
SENYOR VIOLA	_____
SENYORA BONET	Molt de gust.

Remember: you can check your answers in the Key to exercises.

2 Com es diu?

What is your name?

Dialogue 1

*At the lost property office, Elena is asked by an employee (**empleat**) for her personal details.*

- **Before you look at the text, listen to the recording. See if you can:**

  1 **identify Elena's surnames**
  2 **recognise two or more digits of her telephone number**

EMPLEAT	Com es diu?
ELENA	Em dic Elena Pérez.
EMPLEAT	I el segon cognom?
ELENA	Arnavat.
EMPLEAT	Elena Pérez i Arnavat. On viu?
ELENA	Visc a Girona. Al carrer Nord, número 7.
EMPLEAT	Té telèfon?
ELENA	Sí, és el 9-7-2, 2-4-7-8-8-2.
EMPLEAT	Moltes gràcies.

Vocabulary

empleat, -ada (m./f.)	employee
com es diu (vostè)?	what are you called?
em dic . . .	I'm called . . .
on	where
on viu (vostè)?	where do you live?
visc a	I live in
el carrer	street
el número	number
té telèfon?	do you have a telephone (number)?
molt, -a	many

Culture notes

Surnames

All Catalans have two family names (**cognoms**: usually the father's surname first and the mother's surname second) often linked with **i** (= and) and given together when appropriate. In this case Elena's first surname (**el primer cognom**) is Pérez and her second one (**el segon cognom**) is Arnavat. In many situations, however, you will hear only the first surname being used.

Telephone area codes

All telephone numbers are preceded by the area code (**el codi territorial**) which must be used no matter where the call is made from. The area codes of the regions in Spain where Catalan is spoken are:

Alacant	96
Barcelona	93
Castelló	964
Girona	972
Illes Balears	971
Lleida	973
Tarragona	977
València	96

Note that the article is used when giving a telephone number. Example: **té telèfon? Si és el . . .**

Language points

Numbers 1–10

0 zero	3 tres	6 sis	9 nou
1 u (un, una)	4 quatre	7 set	10 deu
2 dos (dues)	5 cinc	8 vuit	

You can listen to these numbers on the audio and practise for yourself. Numbers up to 100 are in Unit 4.

U (un, una), dos/dues

U is used when number 'one' is on its own, as in telephone numbers. Un is used with masculine nouns (un senyor) and una before feminine ones (una senyora). When used in this way it is known as the *indefinite* article (= a/an, 'a man', 'a woman').

Number 'two' also has a masculine and feminine form: dos senyors, dues senyores, but you will also hear dos used by some speakers for the feminine in colloquial language.

These two points apply to all the numbers ending in 1 or 2. Numbers 3–10 do not have a separate form for the feminine.

Irregular verbs 1

The verb dir means 'to say', 'to tell' and 'to call'. It is used as the standard way of saying what your name is/what you are called. In the dialogue we hear how to say your name, by saying em dic ... (= I call myself → I am called) and how to ask someone else what their name is in a formal way, by saying: com es diu (vostè)? (= What are you called?).

The forms viu, visc are part of the verb viure (= to live) and té is from tenir (= to have). Like ser in Unit 1, these two verbs are *irregular*. There is a list of irregular verbs in the Grammar reference at the end of the book that you may find useful later on in the course.

Most verbs in Catalan are regular in that they follow a 'regular' pattern in the 'I', 'you', 'he'/'she', etc., set of forms. These patterns are referred to as *conjugations*. The ways in which such verbs are *conjugated* will be explained gradually as you progress. Irregular verbs tend to be the ones most commonly used and the first ones to appear when colloquial everyday speech is being used.

The article 2: the definite article

The words **el** and **la** are also definite articles (= the). Their use is similar to that of 'the' in English but there are some differences, such as the use of **el** before telephone numbers. The article is also used with street names, but as in English, not with towns. Therefore, when considering the sentence **visc a Girona, al carrer Nord, número 7** (= I live in Girona at 7 North Street), **a**, which means both 'in' and 'on', appears alone in **visc a Girona**, but as **al** (the combination of **a** + **el** = **al**) in **al carrer Nord**.

You have probably observed another characteristic of the article. If a singular noun begins with a vowel sound, both **el** and **la** are written as **l'**, for example: **l'hotel**, which is masculine, and **l'aigua** (= water), which is feminine. As indicated earlier, this is shown in vocabulary lists with an (m.) or an (f.). Remember that the letter 'h' is silent and therefore **l'hotel** is a word that begins with a vowel sound.

The corresponding plural articles are **els** (masculine) and **les** (feminine): **els senyors**, **les senyores**.

Saying 'thank you'

Gràcies was used earlier. Now you can say 'thank you very much' = **moltes gràcies**. Note that the spontaneous response to 'thank you' is **de res**, literally 'for nothing', that is: 'don't mention it' or 'that's all right'. There is less of a tendency to say **gràcies** in Catalan than 'thank you' in English. But when **gràcies** is used, it is much more common to hear **de res** in Catalan than it would be to hear 'don't mention it' in English.

Exercise 1 ⌒

Listen to the audio and write down the six telephone numbers that you will hear. The first one has been done for you.

1 9-7-7 3-2-4-0-2-7
2 _____
3 _____

4 _____
5 _____
6 _____

Exercise 2 🎧

Listen to the audio. Which is used, **a** or **al**? The first one has been done for you.

1 al
2 _____
3 _____
4 _____
5 _____
6 _____

Dialogue 2 🎧

Anna is asked by Enric for some personal details on arrival in Barcelona.

- **What are Anna's surname, nationality and phone number?**
  Complete the following form:

  1 cognoms: _____
  2 nacionalitat: _____
  3 número de telèfon: _____

ENRIC	Com et dius?
ANNA	Em dic Anna.
ENRIC	I els cognoms?
ANNA	Pratt.
ENRIC	Prat . . . i el segon cognom?
ANNA	Només tinc un cognom; sóc irlandesa.
ENRIC	Tens telèfon?
ANNA	És el 9-7-1, 9-0-4-1-7-8-6.
ENRIC	Molt bé. Benvinguda a Barcelona.
ANNA	Moltes gràcies, adéu.
ENRIC	De res, adéu.

Vocabulary

com et dius (tu)? what are you called?
només   only
irlandès, -esa   Irish
adéu   goodbye

Culture note

Anna speaks Catalan so well she is taken for a native. Her surname, Pratt, could easily be confused with the common Catalan surname **Prat** (= meadow).

Language points

Tu *and* vostè *2*

This conversation is more informal than the parallel situation in Dialogue 1. Remember what has been said about the form of the verb indicating person and number. **Vostè** is implied in **com es diu?**, while **tu** is implied in **com et dius?** Compare also **té telèfon?** with **tens telèfon?** Similarly, **jo** is not needed with **em dic . . .**, meaning 'I am called'.

The verb tenir 'to have'

In the two previous dialogues we have heard **tinc**, **tens** and **té**, the three singular parts of the present tense of **tenir**. The full conjugation is:

Singular **(jo)**   **tinc**   I have
          (tu)   **tens**   you have (familiar)
          (vostè/ell/ella) **té**   you have (formal),
                                    he/she has

Plural   **(nosaltres)**   **tenim** we have
          (vosaltres)   **teniu** you have (familiar)
          (vostès/ells/elles) **tenen** you have (formal),
                                    they have

Asking questions 1

It is easy to ask a question in Catalan, as no change in word order or other complications are involved. The statement **tens telèfon** (= you have a telephone), with the rising intonation that is heard on the audio, becomes the question **tens telèfon?** (= do you have a telephone?). Similarly, the intonation in the statement **vostè és la senyora Garcia** (= you are senyora Garcia) is different from the question **vostè és la senyora Garcia?** (= are you senyora Garcia?).

Adjectives 2

Remembering that the Catalan adjective always agrees with its noun, note here the feminine forms **irlandesa** and **benvinguda** and that **-a** shows the feminine singular agreement. The feminine plural appears in **moltes**, as in **moltes gràcies**, with the characteristic **-es** ending. The basic model for the adjective can be illustrated with **molt** (= much; plural 'many'):

	Masculine	*Feminine*
Singular	**molt**	**molta**
Plural	**molts**	**moltes**

Consider:

> **Menorca té molts monuments prehistòrics.**
> **Tarragona té molta influència romana.**

However, **molt** (= very) is often heard as an adverb, 'intensifying' another word, as in **molt bé** (= very well) or **molt confortable** (= very comfortable) or **molt intel·ligent** (= very intelligent), in which case its ending does not change.

Exercise 3 🎧

You hear some snippets of conversations. Can you tell if they are formal (**vostè**) or informal (**tu**)? The first one is done for you.

	Formal	*Informal*
1	✓	
2	_____	_____

3 ____   ____
4 ____   ____
5 ____   ____
6 ____   ____
7 ____   ____
8 ____   ____

Exercise 4 🎧

Identify which form of the verb **tenir** is heard on the audio. The first one is done for you.

1 tens
2 ____
3 ____
4 ____
5 ____
6 ____
7 ____

Exercise 5 🎧

Listen to the audio and decide if the sentences you hear are statements or questions. Indicate your answers below.

Example:
1 vostè és la senyora Garcia?

	Question	Statement
1	✓	
2	____	____
3	____	____
4	____	____
5	____	____
6	____	____
7	____	____
8	____	____

Exercise 6 🎧

Listen to Elvira giving her personal details over the phone, including her address – **l'adreça** (f.) – and fill in the card below.

Nom: *Elvira*

Primer cognom: ....

Segon cognom: ....

Adreça: ....

Telèfon: ....

Telèfon mòbil: ....

Exercise 7

Add the appropriate form: **molt**, **molta**, **molts**, **moltes** in the following sentences, paying special attention to the agreement of adjectives.

> *Example:*
> 1 Tenen <u>moltes</u> cases (= They have many houses).

1 Tenen _____ cases.
2 Mallorca té _____ hotels.
3 _____ gràcies.
4 _____ de gust.
5 El Joan té _____ telèfons. Dos mòbils i dos normals.
6 La Rachel té _____ disciplina.

Exercise 8

Now take part in a conversation, using the **tu** form, with someone you have met, putting the English below into Catalan. For example, in your first turn to speak you have to say **Hola**.

YOU	Say: *Hello.*
LÍDIA	Hola, bon dia.
YOU	Ask: *What is your name?*
LÍDIA	Em dic Lídia.
YOU	Say: *And surname?*
LÍDIA	Montaner. I tu?
YOU	*Say your own name and surname.*
LÍDIA	Encantada.
YOU	Say: *I am pleased to meet you.* Ask: *And where do you live?*
LÍDIA	Visc a Figueres, i tu?
YOU	Say: *I live in . . .* Ask: *Have you got a phone number?*

Language builder: talking about origins and languages

D'on ets?/D'on és vostè? (= Where are you from?)

Sóc escocès.(= I am Scottish).

Quina nacionalitat té? (= What nationality do you hold?)

Tinc nacionalitat sudafricana. (= I hold South African nationality).

alemany, -a	German	**irlandès, -esa**	Irish
americà, -ana	American	**japonès, -esa**	Japanese
anglès, -esa	English	**mallorquí, -ina**	Mallorcan
àrab (m./f.)	Arab	**marroquí, -ina**	Moroccan
basc, -a	Basque	**nigerià, -ana**	Nigerian
català, -ana	Catalan	**rus, russa**	Russian
escocès, -esa	Scottish	**sud-africà, -ana**	South African
espanyol, -ola	Spanish	**valencià, -ana**	Valencian
francès, esa	French	**xilè, -ena**	Chilean
gal·lès, -esa	Welsh	**xinès, -esa**	Chinese

The masculine form of the adjective also corresponds to the name of the language. So:

Quina llengua parles? (= What language do you speak?)
Parlo gal·lès (= I speak Welsh).
Parlo àrab (= I speak Arabic).
Parles català? (= Do you speak Catalan?)
Sí, parlo català (= Yes, I speak Catalan).
Sí, una mica (= Yes, a little).
No parlo català (= I don't speak Catalan).

3 Un cafè, sisplau

A coffee, please

In this unit you will learn about:

- Ordering a drink
- Asking what things are
- Asking people to speak slowly
- First conjugation verbs
- Pronunciation
- The present tense of **voler** 'to want'
- The gender of nouns
- Articles

Dialogue 1 🎧

Toni meets Miquel and introduces his friend Rachel to him.

1 Which of these three expressions are heard on the recording?

Benvinguda!

Quina sorpresa!

Pots parlar més a poc a poc?

2 What is the nationality of Miquel's friend?

TONI	Hola, Miquel, com estàs?
MIQUEL	Hola! Toni! Quina sorpresa! Molt bé. I tu?
TONI	Mira, anar fent. Miquel, et presento una amiga anglesa: es diu Rachel.
MIQUEL	Molt de gust. Vols prendre alguna cosa?
RACHEL	Perdona, pots parlar més a poc a poc, sisplau?
MIQUEL	És clar, vols un cafè?
RACHEL	Sí, sí, gràcies.

Vocabulary

com estàs?	how are you?
quina sorpresa!	what a surprise!
molt bé	very well
mira	well then, well . . . (literally: 'look')
anar fent	not too bad, OK
presentar	to present, to introduce
amiga	female friend
voler	to want
prendre	to take, to have (drink, etc.)
alguna cosa	something
pots . . . ?	can you . . . ? (from **poder** = to be able)
parlar	to speak
més	more
a poc a poc	slowly
sisplau	please
és clar	of course

Language points

Useful expressions

Note the standard question **com estàs?** (= how are you?) and some typical positive replies: **bé** (= well, fine), **molt bé** (= very well), **anar fent** (= not too bad, OK). If you are not well, say: **malament** (= not well). A colloquial alternative to **com estàs?** is **què tal?** This is often combined with **hola** in the phrase **hola, què tal?** (= hi, how's it going?).

Parlar més a poc a poc (= to speak more slowly).

Gràcies, as well as meaning 'thank you', is the standard reply when accepting an offer and is thus sometimes the equivalent of 'please'.

The formula **et presento** is often used in introductions (for **vostè**, it would be **li presento**). The literal meaning is 'I present [Rachel] to you', but, as with so many colloquial expressions, there is no direct word-for-word correspondence between the two languages.

Silent letters

If you listen carefully to the dialogue you will observe that **an ar fent** is pronounced something like /na'fen/ on the recording, with the final **-r** of **anar** and the **-t** of **fent** silent. This is a standard feature of the pronunciation of **r** and **t** (see Pronunciation guide). An example you are already familiar with is **molt** (pronounced /mol/).

Another case of a silent letter is the first **-r-** of **prendre**, pronounced on the audio as /pendre/. **Prendre alguna cosa** illustrates another characteristic of Catalan pronunciation. Words that end in a vowel in contact with words starting with a vowel are often pronounced together, especially unstressed **a** and **e** in contact with another vowel. On the tape we hear /pendralguna/. This is important not only for good pronunciation, as awareness of this characteristic should make comprehension of what you hear easier.

Finally, note **és clar** is pronounced approximately /skla/.

Regular verbs: first conjugation

As was explained earlier, the majority of Catalan verbs are 'regular', that is to say they are conjugated according to regular patterns and there are three main groups. By far the largest has an infinitive ending in **-ar** (**parlar**, **presentar**, etc.). The infinitive is the basic form of the verb, and this is the form you will find i n dictionaries. It is like the 'to' form in English (i.e. 'to speak', etc.). Verbs with an infinitive ending in **-ar** form the first conjugation. The pattern of endings for the present tense of **-ar** verbs is as follows:

Singular	**(jo)**	**parlo**	I speak
	(tu)	**parles**	you speak (familiar)
	(vostè/ell/ella)	**parla**	you speak (formal), he/she speaks
Plural	**(nosaltres)**	**parlem**	we speak
	(vosaltres)	**parleu**	you speak (familiar)
	(vostès/ells/elles)	**parlen**	you speak (formal), they speak

The verb voler 'to want'

As mentioned earlier, many frequently used verbs, like **voler**, are irregular. **Voler** is conjugated as follows:

Singular	**vull**	I want
	vols	you want (familiar)
	vol	you want (formal), he/she wants
Plural	**volem**	we want
	voleu	you want (familiar)
	volen	you want (formal), they want

Exercise 1 ⌒

Listen out for the pronunciation of the following four sentences. Once you have listened to them a few times and are familiar with their sounds, look at them written down, paying special attention first to silent letters and second to words that 'run into each other'. Underline the ones you can identify and check them against the Key to exercises.

1 L'Hotel central és molt confortable. Té molts bars i és possible prendre cafès excel·lents.
2 El senyor Sugranyes viu a Sant Cugat, al carrer París.
3 La senyora es diu Ballester.
4 Hola, benvinguda a Barcelona.

Exercise 2 ⌒

Which form of the verb **parlar** is used in each of the sentences heard on the audio? The first one has been done for you.

1 parla
2 _____
3 _____
4 _____
5 _____
6 _____
7 _____
8 _____

Exercise 3

Write the appropriate form of the present tense of the regular verbs given in brackets.

1 *Example:*   El Bernat _____ (estudiar) informàtica als Estats Units.
   Answer: estudia (Bernat studies computer science in the United States.)

2 El Josep _____ (parlar) anglès.
3 Jo i la Rachel _____ (visitar) Perpinyà.
4 La televisió no _____ (funcionar).
5 El Pere i la Roser _____ (estudiar) francès a la universitat.
6 Tu _____ (visitar) el Museu Dalí de Figueres?
7 (Jo) et _____ (presentar) un senyor marroquí que es diu Salim.
8 Els professors _____ (parlar) molt.
9 Vosaltres què _____ (estudiar) a la universitat?

Exercise 4

Here are the irregular verbs that you have learnt so far, but some forms are missing. Can you remember what they are?

Ser		Voler
sóc	tinc	_____
_____	tens	vols
és	_____	vol
som	tenim	_____
_____	teniu	voleu
són	_____	volen

Dialogue 2 🎧

Rachel and her Catalan-speaking friends order drinks.

• **Put the following useful phrases in the order in which they are spoken on the audio:**

   1 és clar.   _____
   2 què és això?   _____
   3 què vols prendre?   _____

DANI	Què vols prendre?
MARTÍ	Jo, un cafè.
DANI	I tu?
PAU	Jo, un tallat.
RACHEL	Què és això? Un tallat?
PAU	És un cafè amb una mica de llet.
RACHEL	I com es diu un cafè amb molta llet?
PAU	És un cafè amb llet.
RACHEL	És clar.

Vocabulary

què?	what
això	this/that
un tallat	espresso coffee with a dash of milk
una mica	a little
la llet	milk
com	how
amb	with
cafè amb llet	coffee with hot milk

Language points

Useful expressions

Com es diu ...? means 'How does one say ...?' and is a useful formula for building up your vocabulary. Simply ask: **com es diu en català 'mouse'?** (= what is the Catalan for 'mouse'?)

As in English, the pronoun can be used alone, with the sense of the verb implied, as in: **i tu (què vols)? Jo (vull) un tallat**.

Nouns 2: gender

As you know, all nouns are of either masculine or feminine gender and the easiest way of identifying the gender of a noun is by looking at the article that precedes it, or by the (m.) or (f.) that follows it in dictionaries. Gender is a very important characteristic of the language because it also affects the form of accompanying words such as adjectives, possessives, pronouns, etc.

You may be pleased to know that patterns can also be observed in this area of grammar, and you will find it useful to look out for them. The ending of the *singular noun* often gives a clue as to the gender:

1   Words ending in **-a** are normally feminine (e.g. **la sorpresa**, **la rosa**, **la persona**, **la discoteca**).
2   Other vowel endings tend to be masculine (e.g. **el metro**, **el meló**, **el vi**, **el taxi**, **el notari**, **el cafè**, **l'oncle**).
3   Words ending in a consonant are more likely to be masculine than feminine (e.g. **el cognom**, **el telèfon**, **el futbol**, **el Parlament**, **el túnel**).
4   Remember that there are exceptions to our very general guidelines. Some of these have to be learnt individually (like **la llet** in the previous dialogue). Others can be seen as belonging to established patterns that are very useful to know. The main ones are as follows:

Masculine	*Feminine*
Words ending in **-ma** are normally masculine.	Words ending in **-ió**, **-tat** and **-tud** are normally feminine.
el problema	**la solució**
el sistema	**l'explosió**

el clima	la versió
el cinema	la ciutat
el diploma	la veritat
el programa	l'actitud

Some nouns referring to humans and familiar animals have masculine and feminine forms. Here are some examples:

Masculine		*Feminine*	
el senyor	Mr	la senyora	Mrs
el professor	teacher	la professora	teacher
l'home	man	la dona	woman
l'amic	friend	l'amiga	friend
el gat	cat (male)	la gata	cat (female)
el cardiòleg	cardiologist	la cardiòloga	cardiologist
el sociòleg	sociologist	la sociòloga	sociologist

The indefinite article 1

You have already come across the indefinite article in relation to the number 'one'. In this dialogue the singular nouns that appear are introduced by the indefinite article: **un** for the masculine and **una** for the feminine (both are equivalent to 'a' or 'an' in English).

Exercise 5

Insert the appropriate form of the articles **el**, **la**, **l'**. The first one has been done for you.

1 <u>el</u> conyac
2 _____ senyor
3 _____ tallat
4 _____ hotel
5 _____ cervesa
6 _____ aigua
7 _____ aeroport
8 _____ llet

Exercise 6

Add **un** or **una** as appropriate:

1 un tallat
2 _____ cafè
3 _____ aigua
4 _____ mica de llet
5 _____ hotel
6 _____ senyora
7 _____ telèfon
8 _____ carrer

Exercise 7

Decide if the nineteen words you are going to hear are masculine or feminine.

Masculine	Feminine

Exercise 8

Divide the words in the box into two groups according to gender

convent   claredat   museu   teatre   gastronomia
creació   civilització   model   llibertat   solitud
espectacle   tren   oficina   art   rock català
compassió   vanitat   restaurant

Exercise 9

You are in a café with your friend Mireia. Take part in this conversation by putting our English suggestions into Catalan. For example, in your first turn to speak you have to say **Hola**, **Mireia**.

MIREIA	Hola!
YOU	Say: *Hello, Mireia.*
MIREIA	Quina sorpresa!
YOU	Say: *How are you?*
MIREIA	Anar fent, i tu?
YOU	Say: *I am very well. May I introduce you to an English friend? He is called Darren. He speaks Catalan.*
DARREN	Hola, encantat.
MIREIA	Hola, parles català! Jo no parlo anglès.
YOU	Say: *Do you want anything to drink?*
MIREIA	Sí, un tallat. I tu?
YOU	Say: *A coffee with milk.*

Language builder: 'more slowly, please!'

Més a poc a poc, sisplau.	More slowly, please.
Pots repetir, sisplau?	Can you repeat, please?
Pot repetir-ho, sisplau?	Can you repeat it, please?
No ho entenc.	I don't understand (it).
No t'entenc.	I don't understand you (informal).
No l'entenc.	I don't understand you (formal).
No ho sé.	I don't know (it).
Com es diu '...' en català?	How do say '...' in Catalan?
Com s'escriu '...' en català?	How do you write '...' in Catalan?
Com es pronuncia això en català?	How do you pronounce this in Catalan?
Què vol dir '...'?	What does '...' mean?
Sisplau, em pot explicar ...?	Excuse me, can you explain ...?
Pot traduir ..., sisplau?	Can you translate ..., please?
Què és això ..., sisplau?	What is this ..., please?
Ho sento (molt).	I'm (very) sorry.

4 Què vols?

What would you like?

Dialogue 1 🎧

Rachel asks her Catalan friend Martí what he wants to drink.

- **Can you identify two drinks and two tapas mentioned in this dialogue?**

RACHEL	Martí, què vols?
MARTÍ	Jo vull una cervesa. I tu?
RACHEL	Com es diu en català un cafè amb conyac?
MARTÍ	És un 'carajillo'. Vols un 'carajillo'?
RACHEL	No, però vull saber el nom.
MARTÍ	Ah! I què vols beure, doncs?
RACHEL	També una cervesa.
MARTÍ	I per picar?
RACHEL	Picar?

Martí	Sí: calamars, patates fregides, olives . . .?
Rachel	Doncs . . . unes olives.

Vocabulary

la cervesa	beer
el conyac	cognac
el carajillo	coffee laced with liqueur
però	but
saber	to know
el nom	name
doncs	then, well
també	also
per	(in order) to
els calamars	squid
patates fregides	crisps, chips
l'oliva (f.)	olive

Culture note

Like other Mediterranean peoples, many Catalans are fond of their coffee. The basic drink is **un cafè**, a small, strong *espresso*. **Un tallat** is an *espresso* with a small amount of (usually warm) milk. **Un cafè amb llet** is a full white coffee made with hot milk, a staple breakfast drink alongside **una pasta** (= a pastry, frequently a croissant). **Un (cafè) americà** is a coffee made with a lot of water as well as some milk. On hot days **un cafè amb gel** (coffee poured over ice cubes) or **un granitzat de cafè** (coffee in crushed ice) are refreshing alternatives. **Un carajillo** (also known as **un cigaló**) is made by adding a generous dash of spirit, usually brandy, to a single coffee.

With other drinks, people often order a small snack known as **una tapa**. The verb **picar** is used to refer to this custom of taking **una tapa** or a variety of **tapes** to complement a drink.

Language points

Pronunciation

Doncs (= 'then'/'well', or even 'in this case') is a very commonly heard Catalan word used to fill pauses in conversation, often, as here, between question and answer. Note also how it is pronounced /dons/ and that the pronunciation of **vull** is /bui/. Finally, pay special attention to the word liaison in the sentence **però vull saber el nom**, pronounced as /bui sabel nom/.

Asking questions 2

In this dialogue you also hear an example of the two most common ways of asking questions. One is by using question words like **què vols?** (= what do you want?), **on viu?** (= where do you live?), as seen in Unit 2, and, in this unit (Dialogue 2 below), **quant és?** (= how much is it?).

Another common way of asking questions is to change the intonation of a statement as we heard in Unit 2. This type of question usually only requires a yes/no answer. Examples in this dialogue are **vols un carajillo?** and **i per picar?** Without a rising intonation the same words in the same order would mean 'you want a *carajillo*' and 'and for a snack'.

Nouns 3: plurals

The basic formation of plurals is with a final **-s**. Many masculine forms are written with just this final **-s**. The frequent feminine ending **-a** becomes **-es** for the plural. In central standard speech the vowel sound does not change between the singular and the plural. So the final vowel sound of singular **oliva**, **patata**, etc. is identical to that of plural **olives**, **patates**, etc.

The indefinite article 2

The plural form of the indefinite article is **uns** for the masculine and **unes** for the feminine. In practice the plural article tends not to be used: **calamars**, **patates fregides**, **olives**, as in the dialogue. When it does appear it reinforces the meaning of 'some' or 'a few', as when Rachel replies saying **unes olives**.

Exercise 1 🎧

This activity is based on two conversations on the audio. A waiter (**un cambrer**) in the **Cafè de la Vila** is taking some clients' orders. Make a note of the orders by marking the right-hand columns of the menu. Read the menu first.

Cafè de la Vila

Port Olímpic
Barcelona

		1	2
BEGUDES			
cafè	1,20€		
cafè amb llet	1,60€		
tallat	1,45€		
descafeinat	1,40€		
cafè americà	1,40€		
te	1,50€		
te amb llimona	1,60€		
infusió	1,60€		
xocolata	1,50€		
aigua mineral (amb gas)	1,20€		
aigua mineral (sense gas)	1,20€		
suc de fruita	1,50€		
suc de taronja natural	2,50€		
cervesa	2,00€		
vi	1,50€		
TAPES			
olives	1,50€		
calamars	2,50€		
patates fregides	1,35€		
PASTES			
croissant	1,50€		
ensaïmada	1,70€		

Vocabulary

el te	tea
el te amb llimona	lemon tea
la infusió	herbal tea
la xocolata	chocolate
l'aigua (f.)	water
amb gas	fizzy
sense gas	still
el suc	juice
la fruita	fruit
la taronja	orange
els calamars	squid
el vi	wine

Now listen to Dialogues 1 and 2 on the audio.

Exercise 2

Listen to the prompts on the audio, pause the recording and give your Catalan version. After the pause you will hear the suggested response.

Exercise 3

Now take part in a conversation with Toni, a friend of your Catalan host, whom you have invited for breakfast. Put our English suggestions into Catalan. For example, in your first turn to speak you can say: **Hola, Toni, com estàs?**

You	Say: *Hello, Toni, how are you?*
Toni	Anar fent, i tu?
You	Say: *Very well. What do you want?*
Toni	Jo vull un cafè, i tu?
You	Say: *I want a tea with lemon. Do you want a croissant?*
Toni	Doncs, sí, i què vols tu?
You	Ask: *What is an ensaïmada?*
Toni	És una pasta, una especialitat de Mallorca.
You	Say: *In that case, yes, I want an ensaïmada.*

Dialogue 2 🎧

Dani, Martí and Rachel settle the bill.

1 How much is the coffee?
2 How much is the beer?

DANI	Sisplau, pot cobrar?
CAMBRER	Sí, a veure?
DANI	Un cafè, un tallat, una cervesa, dos croissants i una aigua mineral.
CAMBRER	Molt bé, són cinc euros amb setanta.
MARTÍ	Quant és el cafè?
CAMBRER	És un euro vint.
RACHEL	I la cervesa?
CAMBRER	Un euro amb cinquanta.
RACHEL	Moltes gràcies.

Vocabulary

pot ...?	can you ...?
cobrar	to take payment
a veure	let's see
quant?	how much?

Culture note

The currency now in use is the **euro**. **Pessetes** are still sometimes referred to, particularly with large amounts, as in house prices. Note how euros are expressed by stating the number of euros and cents (**cèntims**) together. When you hear two figures, the first stands for the number of euros, and the second for cents. So you will hear: **dos cinquanta** or **dos amb cinquanta**. You will also hear **dos euros cinquanta** and **dos euros amb cinquanta** for even greater clarity. Note also that the division between **euros** and **cèntims** is expressed in writing with a comma and not with a point. This is important to bear in mind as, particularly with larger amounts, this detail can lead to confusion.

Language points

Numbers 11–100

11	onze	21	vint-i-u	40	quaranta
12	dotze		(un/una)	48	quaranta-vuit
13	tretze	22	vint-i-dos	50	cinquanta
14	catorze		(dues)	60	seixanta
15	quinze	23	vint-i-tres	70	setanta
16	setze	24	vint-i-quatre	80	vuitanta
17	disset	30	trenta	84	vuitanta-
18	divuit	31	trenta-u		quatre
19	dinou		(un/una)	90	noranta
20	vint	36	trenta-sis	100	cent

Now listen to these numbers on the audio.

Note: i is added between 20 and 29 only. Also, note how the pronunciation of **vint** = /vin/ changes to /vinti. . ./.

The verb poder 'to be able'/'can'

Earlier you heard **pots parlar més a poc a poc?**; here we hear a similar construction in **pot cobrar?** In Dialogue 1, the speakers addressed each other in the informal **tu** form, whilst here they are using the **vostè** form. As you will have noticed, **-s** is the character- istic ending of the **tu** form. **Poder** (= to be able) is a common irreg- ular verb used to introduce a request. The full set of forms for the present tense are:

Singular	**puc**	I can
	pots	you can (familiar)
	pot	you can (formal), he/she can
Plural	**podem**	we can
	podeu	you can (familiar)
	poden	you can (formal), they can

Exercise 4

Practise saying the following telephone numbers, then use the audio to check that you've got them right and to check your pronuncia- tion. Two of the numbers on the audio will be different. Can you spot which ones?

1   2-92-73-21-36
2   9-65-05-21-25
3   7-73-21-19-37
4   7-3-33-75-92
5   3-33-29-65-62

Exercise 5

Now practise asking for the bill by putting our suggestions into Catalan in this conversation.

YOU	*Ask for the bill.*
CAMBRER	Sí, un moment. Què tenen?
YOU	Say: *A natural orange juice and still mineral water.*
CAMBRER	Són tres setanta.
YOU	Ask: *How much is the orange juice?*
CAMBRER	Són dos euros cinquanta.
YOU	Say: *Thank you.*

Exercise 6

Read the text below and do Activities 1 and 2.

Activity 1: Can you guess from the text what **'cel'** and **'ona'** mean?

Activity 2: Underline the words that you think are similar to English words. Use the glossary at the end of the book to help you.

Els bars són un aspecte molt important de la vida mediterrània i de la vida catalana. Moltes persones passen més d'una hora al dia al bar. És un centre social on es formen i desenvolupen les relacions personals i professionals. Un eslògan publicitari diu que el nom de la ciutat de Barcelona conté els ingredients principals de la vida barcelonina: BAR – CEL – ONA. 'Bar' és evident, 'cel' es refereix a l'atmosfera (celestial) i 'ona' són les ondulacions que provoca el moviment del mar. Molt apropiat.

(There is an English version of this text in the Key to exercises.)

5 Vols el meu mòbil?

Do you want my mobile?

In this unit you will learn about:

- Asking people to repeat something
- Understanding short messages
- The present tense of **estar** 'to be'
- Possessive adjectives
- Adjectives in comparisons
- Superlatives

Dialogue 1

Rachel wants to call her parents in England.

RACHEL	Hi ha telèfon aquí?
DANI	Sí, hi ha un telèfon a la sortida. És de monedes.
RACHEL	Pots repetir, sisplau, més a poc a poc?
DANI	Sí, és clar. És un telèfon que va amb monedes. Funciona amb monedes d'euro. Monedes de cinc cèntims, deu cèntims, vint cèntims, cinquanta cèntims, un euro i dos euros. Però, escolta, vols el meu mòbil? És més fàcil.
RACHEL	Ets molt amable, però vull telefonar als meus pares i a la meva germana per dir que estic bé.
DANI	Telefona, dona, la família és la família.

Vocabulary

hi ha	is there . . . ? there is
aquí	here

la sortida	exit
va	works (from **anar** = to go, to work)
la moneda	coin
funcionar	to function, to work
fàcil	easy
escolta	listen
mòbil	mobile
amable	kind
meu, meva	my
el pare	father
els pares	parents
la germana	sister
la dona	woman, wife
la família	family

Language points

Useful expressions

With **hi ha ...?** you can ask where something is and give the answer. Notice how Rachel uses a rising intonation to ask the question **hi ha telèfon?**

We have heard **dir** in the expressions **com et dius?**; **em dic ...**; **com es diu en català?** Here it has its basic meaning 'to say', 'to tell' in **per dir que estic bé** (= to say that I am well).

Telefona is the command form of the verb **telefonar**, meaning 'do phone' or simply 'phone'.

Dona is used to reinforce what is being said, addressed, as here, to a woman. The masculine equivalent **home!** (= man!) occurs more often, and is heard even when talking with a woman: **és clar, home!** (= of course); **sí, home, sí** (= yes, definitely).

The present tense of estar 'to be'

Estic is the 'I' form of the present of the irregular verb **estar** (= to be, to feel, to stay). We have already heard **com estàs?**, the standard way of asking 'how are you?'. The reply was **molt bé** without a verb form because the verb was understood (**estic molt bé**).

Singular	**estic**	I am
	estàs	you are (familiar)
	està	you are (formal), he/she is
Plural	**estem**	we are
	esteu	you are (familiar)
	estan	you are (formal), they are

The two verbs for 'to be': ser and estar 1

Here we come across the two verbs that are used in Catalan to express what in English would be expressed with 'to be'. **Estic** in the dialogue represents one of the main uses of **estar**: asking what 'state' someone is in. There are also many examples of the use of **ser**, which is the verb used to express identity or origin, as in **sóc la Sara, d'on ets? Sóc de Nova York**, or as in the dialogue, to express inherent characteristics. For example: **és de monedes**; **ets molt amable**; **la família és la família**.

Possessive adjectives

References to members of the family are often accompanied by the possessive. At this point it is useful to note two important characteristics of its behaviour:

1 The possessive is used with the corresponding article (**LA meva germana**, **ELS meus pares**).
2 The possessive, as any other adjective, agrees with the noun to which it refers and has to be used with the appropriate ending (**la meVA germana**, **els meuS pares**). Consider the table below:

	Masculine	*Feminine*
my	**el meu**	**la meva**
your	**el teu**	**la teva**
his/her (your: **vostè**)	**el seu**	**la seva**
our	**el nostre**	**la nostra**
your	**el vostre**	**la vostra**
their (your: **vostès**)	**el seu**	**la seva**

Notes:
1 The masculine **el nostre** and **el vostre** and feminine **la nostra** and **la vostra** are not distinguished in pronunciation.
2 They are normally used with the article.

If more than one object is possessed you will need to use the plural form, made by simply adding an **-s** to the end (e.g. **els meus**, **els teus**, etc. in the masculine) and by replacing **a** by **es** (e.g. **les meves**, **les teves**, etc. in the feminine). Consider the following sentences:

1   **El Felip i <u>la seva</u> germana són d'Andorra**
    (= Felip and <u>his</u> sister are from Andorra).

2   **La Laura i <u>la seva</u> germana són d'Andorra**
    (= Laura and <u>her</u> sister are from Andorra).

3   **El senyor i la senyora Garcia i <u>la seva</u> filla són d'Andorra**
    (= senyor and senyora Garcia and <u>their</u> daughter are from Andorra).

In all three cases **la seva** agrees with the feminine noun qualified (**germana** and **filla**) unlike in English which needs 'his', 'her' and 'their' respectively.

Adjectives 3: making comparisons

És més fàcil contains an implied comparison: **és més fàcil telefonar amb el meu mòbil que des d'un telèfon públic** (= it is easier to phone with my mobile than from a public phone). Comparison of adjectives in Catalan is straightforward. It is simply a case of putting **més** before the appropriate form of the adjective in question. For example: **la meva germana és més amable que el meu germà** (= my sister is kinder than my brother). Consider how the second element of comparison is introduced by **que** (= than). Similarly, **menys** (= less) is complemented with **que** to express that one element is less than another. For example: **el Felip és menys militant que el teu germà** (= Philip is less militant than your brother). To say they are 'as much . . . as', **tan . . . com** is used. Consider: **el Felip és tan militant com el teu germà**.

Superlatives

The superlative, corresponding to 'the most . . .', is formed by adding the article to the comparative **més** followed by **de** (= the most . . . of). Consider: **el meu germà és el més simpàtic de la família** (= my brother is the nicest in the family).

Another important form of the adjective is formed by adding the ending **-íssim/-íssima**. This is known as a *suffix*, an ending that can be attached to nouns and adjectives to add a nuance. This suffix serves to intensify the force of an adjective and is equivalent to 'very', 'most', 'really', according to context. It is often used to add intensity when giving opinions: **el teu pare és amabilíssim** (= your father is really friendly); **l'escultura de la teva mare és bellíssima** (= the sculpture of your mother is very beautiful indeed).

Exercise 1 ⏅

Listen to the audio. Mark below the sentences that use either a form of the verbs **poder** and **estar**, or the form **hi ha**. The first one has been done for you.

	poder	estar	hi ha
1	✓		
2	___	___	___
3	___	___	___
4	___	___	___
5	___	___	___
6	___	___	___
7	___	___	___
8	___	___	___
9	___	___	___

Exercise 2

You already know much more Catalan than you think. Consider the lists of adjectives below: you should be able to understand most of them. In each of the four groups there is a word which is not an adjective. Can you identify it?

1	elegant	horrible	intel·ligent	pràctic
	sincer	eloquent	comunicar	humorístic

2	tranquil	repel·lent	intel·lectual	famós
	estúpid	ridícul	educat	il·lustre
	cognom			

3	eficient	excel·lent	satisfacció	satíric
	tolerant	lliberal	democràtic	

4	investigar	curiós	informatiu	favorable
	sistemàtic	ideal	regional	

Exercise 3

Pau and Eloi are being talked about by their friends. Decide which one of the two receives a more favourable appraisal in each of the following statements:

		Pau	*Eloi*
1	El Pau és més eficient i responsable que l'Eloi.	——	——
2	L'Eloi és amabilíssim i és més fàcil parlar amb ell.	——	——
3	L'Eloi és l'amic ideal. És el més amable dels meus amics.	——	——
4	L'Eloi és menys sistemàtic que el Pau i és menys puntual.	——	——
5	El Pau és menys tolerant que l'Eloi, el més tolerant.	——	——
6	El Pau és ambiciós i despòtic. L'Eloi és més acceptable.	——	——
7	L'Eloi és molt més educat que el Pau i més generós.	——	——
8	El Pau és el més elegant dels dos.	——	——
9	L'Eloi és simpatiquíssim.	——	——

Exercise 4

Translate the following sentences using **ser** and **estar** and the appropriate form of the possessive:

1 Jennifer and her brother are from Glasgow.
2 Felip and his family are very well.
3 Tom and his parents are really friendly.
4 Tom and his brother are not well.
5 Rachel and her parents are friendly.

Exercise 5

Now take the part of Rachel in this conversation with senyor Sugranyes, a friend of her parents, putting our English suggestions into Catalan. You may need to look back at the previous units to complete this exercise.

(Note: it is quite common when two people of different ages meet for the older person to use **tu** and the younger **vostè**. The repetition of **anar fent** to give an idea of monotony is not uncommon either.)

SR. SUGRANYES	Hola, Rachel, quina sorpresa!
RACHEL	Say: *Hello, Sr. Sugranyes, how are you* (use **vostè**)?
SR. SUGRANYES	Oh, anar fent, anar fent, gràcies. I tu?
RACHEL	Say: *I am very well, thank you.*
SR. SUGRANYES	Et presento el meu amic Daniel Lafont. El Daniel és francès però parla català.
RACHEL	Say: *It's a pleasure.*
DANIEL	Encantat. Ets catalana?
RACHEL	Say: *No, I am English.*
DANIEL	Doncs, parles català molt bé.
RACHEL	Say: *Thank you, and you also speak Catalan very well. Where are you from?*
DANIEL	Jo sóc de Perpinyà, de la Catalunya Nord.

Text 1

Teresa sends an email to her friend James, giving her new address and contact details and mentioning a friend she would like him to meet. Read this text, first without looking at the vocabulary, trying to understand the gist. Then study the text with the vocabulary and prepare yourself for Exercise 6. The text is translated in the Key to exercises.

Estimat James, estic bé, i tu, com estàs? Connecto per email perquè el teu telèfon no funciona. Què passa? Et telefono molt sovint però no hi ha resposta. El teu telèfon sempre comunica. Vull parlar amb tu. Ara tinc una adreça permanent. És el carrer Monterols, número 16. El meu telèfon és el 675 8942. Tinc una sorpresa per tu. Et vull presentar el meu amic Marc. La seva dona és anglesa i ell és arquitecte com tu. Són simpatiquíssims. Tenen molt interès per Gaudí i volen parlar amb tu. Una abraçada, Teresa.

Vocabulary

estimat, -da	dear
connectar	to connect
perquè	because
passar	to happen
et telefono	I phone you
sovint	often
la resposta	answer, reply, response
sempre	always
comunicar	to be engaged, to communicate
ara	now
permanent	permanent
l'arquitecte (m.)	architect
com	like, as (when not a question word)
simpàtic, -a	nice, likeable, friendly
l'abraçada (f.)	embrace, love

Exercise 6

James has received the sentences in the wrong order. Your job is to reorder them, without looking back at Text 1. Write the numbers in the right order below. You can check your answers against the text of the message.

____   ____   ____   ____   ____

1   Vull parlar amb tu. Ara tinc una adreça permanent. És el carrer Monterols, número 16. El meu telèfon és el 675 8942.
2   La seva dona és anglesa i ell és arquitecte com tu. Són simpatiquíssims. Tenen molt interés per Gaudí i volen parlar amb tu. Una abraçada, Teresa.
3   Connecto per email perquè el teu telèfon no funciona. Què passa? Et telefono molt sovint però no hi ha resposta. El teu telèfon sempre comunica.
4   Tinc una sorpresa per tu. Et vull presentar el meu amic Marc.
5   Hola James, estic bé, i tu, com estàs?

Exercise 7

Read the short text in the box and rewrite it:

1 First, changing the verbs underlined into the *we* form ('we contact you', 'we phone you', etc.).

2 Second, changing the verbs underlined into the *they* form ('they contact you', 'they phone you', etc.).

> <u>Connecto</u> per email perquè el teu telèfon no funciona.
> Què passa? Et <u>telefono</u> molt sovint però no hi ha
> resposta. El teu telèfon sempre comunica. <u>Vull</u> parlar
> amb tu. Ara <u>tinc</u> una adreça permanent. <u>Estic</u> molt bé,
> tot va bé. <u>Puc</u> telefonar gratis, és fantàstic!

6 La meva família

My family

In this unit you will learn about:

- Asking and answering questions
- Describing people
- Family life
- Formation of plural nouns
- Demonstratives
- Weak pronouns
- Clothes and colours

Photos and texts 1–5

In this section you will hear people describing pictures of their family. Look at the pictures and listen to the audio. Use the activity in the box to help you focus on what you hear. The Vocabulary builder contains the names of the members of the family and other useful terms.

Circle the word which is <u>not</u> spoken in each description:

Text 1: cosins, família, germans, petit

Text 2: blanc i negre, la boda, poble, el gos

Text 3: tinc, tres, fill, molts

Text 4: guapo, casat, alemany, francès

Text 5: dona, tenim, si Déu vol, poble

Text 1 ♩

Hola. Em dic Andreu. Visc a Barcelona. Et presento la meva família. Aquest és el Pere, és el meu germà. Som sis germans. Tinc dues germanes i tres germans. El Pere és el més petit. Aquesta és la meva germana gran, la Isabel. Avui és el vint-i-cinc aniversari de la boda dels pares, les bodes de plata dels nostres pares.

Text 2 ♩

–Qui és el senyor d'aquella foto?
–El senyor d'aquella foto en blanc i negre és el meu avi. Malauradament, l'àvia ja no és amb nosaltres. L'avi viu sol al poble, a Mequinença, a la Franja d'Aragó. Bueno, sol no viu, viu amb el seu gos, el Misto, que li fa companyia.

Text 3 ♩

–Pau, tens germans?
–No, no tinc germans; sóc fill únic. Però tinc molts cosins i això compensa una mica. Mira, aquests dos són cosins meus.

Text 4 ♩

Mira, aquest tio tan guapo és el meu cunyat, es diu Tolo, és de Nigèria i està casat amb la meva germana. Viuen al Poble Sec. Parla francès, anglès, ioruba, swahili, castellà i català.

Text 5 ♩

Mira, aquesta és la meva dona. Es diu Montse. Tenim dos fills, un nen i una nena.
–Voleu tenir més fills?
–Sí, si Déu vol, sí.

Vocabulary

aquest, -a	this
petit, -a	small
gran	big, old
avui	today
l'aniversari (m.)	anniversary, birthday
la boda	wedding
la plata	silver
aquell, -a	that
blanc, -a	white
negre, -a	black
malauradament	unfortunately
ja	no longer
sol, -a	alone
el poble	village, small town
bueno	well . . .
el gos	dog
li	him
fer companyia	to keep company
fill, -a	son, daughter
el fill únic	only child
compensar	to compensate
el tio	guy, bloke
tan	so, as
guapo, -a	handsome, good looking
casat, -ada	married
si Déu vol	if God is willing

Culture note

The five pictures on page 48 illustrate how from being a predominantly Catholic society, reflected in **si Déu vol** and in **sis germans**, although there has been a tendency towards smaller families and towards a more multicultural and multiethnic society. Text 2, which refers to the grandfather, shows the strong connection that many people who live in cities still have with the country. When talking about the family, **el poble** usually refers to the village or small town where one of the older members of the family comes from originally. In this case the village (Mequinença) is in the **Franja d'Aragó**, the strip of Aragon bordering Catalonia where Catalan is spoken.

El Poble Sec is a popular and colourful working-class district of Barcelona.

Language points

Castilian words used in Catalan

There are very well-established Spanish (Castilian) words which are used frequently in colloquial Catalan. We have already seen **cara-jillo**. In describing the photos we also hear **bueno, guapo, tio**, all with the characteristic Spanish ending in **-o**, pronounced **-u** in Catalan because it is an unstressed **-o**. Of the three, the one that is most easily replaced by a Catalan word is **bueno**, where often the Catalan **bé** is heard. **Tio** (feminine **tia**) means literally 'uncle' ('auntie') but it is colloquially used to mean 'guy', 'bloke', etc. (or female equivalent), in Spanish as well as in Catalan.

Nouns 4: plural patterns

We have seen that the standard pattern to form the plural is to add **-s** to the masculine and **-es** to the feminine.

Singular		Plural	
Masculine	Feminine	Masculine	Feminine
el pare	**la germana**	**els pares**	**les germanes**
l'avi	**l'amiga**	**els avis**	**les amigues**

Most nouns ending in a stressed vowel add **-ns** to make the plural. For example:

el germà	**els germans**
el cosí	**els cosins**
el català	**els catalans**
la televisió	**les televisions**

Masculine nouns

Masculine nouns that would be impossible or difficult to pronounce if you just added **-s** to form the plural tend to add **-os** instead (pronounced /us/). For example, masculine singular words ending in **-s**, **-ç**, **-x**, or with clusters of consonants like **-rs**, **-sc**, **-xt**, form the plural as follows:

el gas	**els gasos**
el braç (= arm)	**els braços**
el país (= country)	**els països**
el pis (= apartment)	**els pisos**
el text	**els textos**
el complex	**els complexos**
el vers (= verse)	**els versos**
l'anglès	**els anglesos**

The demonstratives

The demonstratives ('this' and 'that') are used to indicate where people or things are in relation to us. By now you will be familiar with the need to change the ending of adjectives to agree with the noun. Here is the pattern of endings:

Singular			*Plural*		
	Masculine	*Feminine*		*Masculine*	*Feminine*
this	**aquest**	**aquesta**	these	**aquests**	**aquestes**
that	**aquell**	**aquella**	those	**aquells**	**aquelles**

Note that **aquest** is pronounced /aket/, and **aquests** /akets/. In the feminine singular and plural, however, the /s/ is pronounced.

Exercise 1

This exercise practises terms for the members of the family and also the possessive adjectives which we saw in the previous unit.

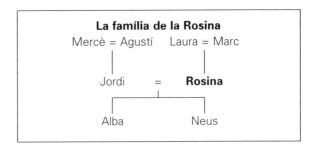

La família de la Rosina

Mercè = Agustí   Laura = Marc

Jordi   =   **Rosina**

Alba   Neus

Rosina has written a short description of her family. On the dotted line write the appropriate form of the possessive (**meu**, **teu**, etc.) and on the continuous line the name of the family member.

El .... pare es diu _____ i la .... mare es diu _____. El .... marit es diu _____ i els .... sogres es diuen _____ i _____. El Jordi i la Rosina tenen dues filles: les .... filles es diuen Alba i _____. Els .... avis es diuen Agustí i Marc.

Exercise 2 🎧

Your friend Dani asks you to show him some of your family snaps. Take part in the audio role play.

Exercise 3

Organise this list of words into four categories under the headings A–D:

> **patates   cosins   dona   filles   francesos**
> **contextos   generacions   context   valencians**
> **amigues   pantalons   dinastia   mare   plurals**
> **cafès   americanes   nacions   amic   telèfons**
> **irlandesos   discos**

A Masculine singular	B Feminine singular
C Masculine plural	D Feminine plural *Example:* **patates**

Text 6

Albert sends John a photo of his cousin Clàudia to answer a question John has asked him. Read the note he sends John along with the photo.

> John, com va això? Aquí tot va bé. Em preguntes quina és la Clàudia a la foto dels castellers. Ara, t'envio aquesta foto d'ella amb la seva mare i la seva tia. La meva cosina té vint-i-tres anys. Malauradament no tinc impressora de color. La camisa és vermella, els pantalons blancs i la faixa negra.
>
> És un vestit tradicional de pagès català.
>
> Salut, Albert.

Vocabulary

com va això?	how's it going?
tot, -a	all
tot va bé	all goes well
preguntar	to ask
tenir . . . anys	to be . . . years old
casteller, -a	someone who takes part in human towers
enviar	to send
la impressora	printer
color	colour
la camisa	shirt
vermell, -a	red

la faixa	sash, belt
el vestit	costume
el pagès	peasant, farmer or farmworker
(la) salut	health, cheers

Culture note

La faixa is a long stretch of cloth which is tied around the waist for support. Traditionally this was worn by **pagesos**. Nowadays it is still used by **castellers**. **Castells** (literally: 'castles') consist of teams of men and women who stand on each other's shoulders in an effort to build and then safely dismantle the highest human tower, usually seven, eight or even nine human storeys high. The design and height of a **castell** depends mainly on the number of **castellers** who form the base. The province of Tarragona is famous for its groups, especially **els Xiquets de Valls**, but nowadays there are castle-building groups all over Catalonia, and they hold **trobades** (= meetings) to celebrate patron saints' days and other special festivities.

Language points

Pronunciation

A reminder on the pronunciation of **-ix-** in **això** and **faixa**. Remember that **ix** is one letter, the Catalan equivalent of the English /sh/. So **faixa** is pronounced /fasha/ and **això** /asho/. (See the section on digraphs in the Pronunciation guide.) The same is true of **-ny-** as in **Catalunya** or **any**. The plural of **any** is roughly pronounced /ansh/ because of the difficulty presented by this cluster of consonants. When you hear them on the audio, see if you can distinguish these words clearly.

Weak pronouns 1

Em preguntes (= you ask me) and **t'envio** (= I send you) in Text 6 and **li fa companyia** (= is company for him/keeps his company) in Text 2 provide examples of a verb with a weak object pronoun. They are called *weak* because they are unstressed and pronounced as part of the verb they accompany. They are usually placed immediately before or after the verb. They are placed before most verb forms, but are normally placed after the verb with the infinitive and command forms. Most forms change according to whether the first or last letter of the verb (whichever they come into contact with) is a consonant or a vowel.

At this stage you may want to concentrate on recognising their presence and be aware of their approximate meaning. In time you will become confident in their use. The Grammar reference contains tables with further information and the dialogues incorporate many examples of their use. Here is some basic advice to get you into the habit of recognising the singular forms:

1 An /m/ sound immediately before or after the verb is the form corresponding to 'me' in English. There are four possibilities: **m'**, **em, -me, 'm**. Consider: **em dic Rosa**; **telefona'm, sisplau**.
2 A /t/ sound immediately before or after the verb is the form corresponding to 'you' in English (the **t** showing its link to the subject pronoun **tu**). There are four possibilities: **t', et, -te, 't**. Consider: **t'envio la foto de la Clàudia; et presento la Mercè**.
3 An /l/ sound immediately before or after the verb is the form corresponding to 'him', 'her' or 'you' (= **vostè**). The possibilities are: **li, el, la, l', -lo, -la, 'l**. Consider: **vols telefonar-la?; vull enviar-li la foto de la Clàudia**.

Further examples

Sound	*Before verb:*		*After verb:*	
/m/	m'escolta	em presento	vol donar-me	parla'm
/t/	t'escolto	et parlen	vol agafar-te	presenta't
/l/	l'escolten	li diuen	vull escoltar-lo	estudia'l
		el/la miren	volem entendre-la	

Asking questions 3

There are several examples in this section of the type of questions which require a question word:

1 **Quants . . .?** Albert mentions Clàudia's age saying: **té vint-i-tres anys** (= she is twenty-three years old). The way to ask someone's age is: **quants anys tens/té?**; literally: '<u>how many</u> years do you have?' The standard answer would be: **tinc vint-i-tres anys**. **Quant, quanta, quants, quantes** are question words used to ask 'how much . . .?', or 'how many . . .?'. As adjectives, they agree with the noun, so **quants anys té?**; **quantes filles té?** (= how many daughters do you have?).

2 **Quan** (= when), is another important question word, as in the sentence: **quan comença el programa?** (= when does the programme start?). It should not be confused with **quant**, although they are pronounced the same. As an adverb, **quan** only has one form, unlike the adjective **quant**.

3 **Quin . . .?** Another set of adjectives used to ask questions is: **quin, quina, quins, quines** meaning 'which (one) . . .?' or 'what . . .?', as in **quina és la Clàudia a la foto?** (literally: '<u>which</u> is Clàudia in the photo?' implying, 'of the several girls in the photo, which one is Clàudia?'). **Quin** would also be used to ask for the colour of something, the standard question being: **de quin color és . . .?** (literally: '<u>of which</u> colour is . . .?').

Exercise 4 🎧

Listen to the audio. Match the items of clothing in the left-hand column with the colour that describes them in the right-hand column. Use the Vocabulary builder to help you. (The first one has been done for you.)

1	camisa	a	vermella		1a
2	sabates	b	vermell		____
3	pantalons	c	verda		____
4	jaquetes	d	blanques		____
5	abric	e	negres		____
6	americana	f	blaves		____
7	jersei	g	blau		____
8	faldilla	h	blanca		____

Exercise 5

Match the questions with the answers. The first one has been done
for you.

1	Qui és aquest senyor?	a	El pare seixanta-sis i la mare seixanta.	_1g_
2	Quants anys tens?	b	Un germà i dues germanes.	_____
3	Quants anys tenen els teus pares?	c	Són els meus germans.	_____
4	Qui és aquesta senyora?	d	Anar fent.	_____
5	Qui són aquests?	e	És verd.	_____
6	De quin color és el jersei?	f	És la meva cosina.	_____
7	Com es diu la seva filla?	g	És el meu oncle.	_____
8	Quants germans té?	h	Trenta anys.	_____
9	Com va això?	i	Es diu Teresa.	_____

Exercise 6 🎧

Listen to these sentences and decide which column the pronouns
used correspond to.

	1st person: /m/	2nd person: /t/	3rd person: /l/
1	_____	_____	_____
2	_____	_____	_____
3	_____	_____	_____
4	_____	_____	_____
5	_____	_____	_____
6	_____	_____	_____
7	_____	_____	_____
8	_____	_____	_____

Exercise 7

Now practise asking questions by taking the part of Nicholas in this
conversation with one of Clàudia's brothers, Eduard, whom you
have just met. Use the English suggestions to help you:

EDUARD   Hola, escolta, tu ets el Nicholas?
NICHOLAS   Say: *Yes I am Nicholas.* Ask: *Who are you?*
EDUARD   Sóc l'Eduard. Sóc el germà gran de la Clàudia.

NICHOLAS	Ask: *How many brothers does she have?*
EDUARD	Tres. Mira, aquí tinc una foto.
NICHOLAS	Ask: *Who is this?*
EDUARD	És l'Enric; és el meu germà petit.
NICHOLAS	Ask: *How old is he?*
EDUARD	Té trenta anys.
NICHOLAS	Ask: *Does he have children?*
EDUARD	Sí, té tres filles.
NICHOLAS	Ask: *How old are they?*
EDUARD	Cinc, set i deu.

Exercise 8

Now take part in this conversation with your Catalan host discussing your family, using the English suggestions to help you.

HOST	Quants germans tens?
YOU	Say: *I have two brothers and a sister.*
HOST	Tens una foto de la teva família?
YOU	Say: *Yes. This is a photo of my family. My sister is this one, with the white shirt and the orange skirt. She lives in Australia.*
HOST	Que exòtic! I qui és aquest senyor? És el teu germà?
YOU	Say: *No, he is called Daniel, he is the husband of my sister. My brothers are these ones. This one is James and that one is Terry.*
HOST	I com es diu la teva germana?
YOU	Say: *She is called Anne, she lives in Melbourne, she is twenty years old. She has a daughter and a son.*

Vocabulary builder

Members of the family

els pares	parents		
els fills	children		
l'avi	grandfather	l'àvia	grandmother
el pare	father	la mare	mother
el fill	son	la filla	daughter
el nen	boy	la nena	girl
el germà	brother	la germana	sister

el cosí	cousin	la cosina	cousin
l'oncle	uncle	la tia	aunt
el marit	husband	la dona	wife
el cunyat	brother-in-law	la cunyada	sister-in-law
el sogre	father-in-law	la sogra	mother-in-law

Personal information

casat, casada	married
solter, soltera	single
divorciat, divorciada	divorced
separat, separada	separated

Clothing

la roba	clothes
la camisa	shirt
els pantalons	trousers
la faldilla	skirt
la jaqueta	casual jacket
l'americana	suit jacket
l'abric	coat
les sabates	shoes
el jersei	jumper

Colours

vermell, -a	red
verd, -a	green
blanc, -a	white
negre, -a	black
groc, groga	yellow
blau, blava	blue
taronja	orange

7 Perdoni, on és l'Hotel Miramar?

Excuse me, where is the Miramar Hotel?

In this unit you will learn about:

- Booking into a hotel
- Finding your way
- Asking and giving directions
- The two forms of the verb 'to be': **ser** and **estar**
- Numbers 101–1000
- Ordinal numbers 1–10
- The command form

Dialogue 1 🎧

Richard is asking a passer-by for directions.

RICHARD   Perdoni, l'Hotel Miramar?
PASSER-BY   Com ha dit?
RICHARD   Sap on és l'Hotel Miramar?
PASSER-BY   Ah, sí. És a la plaça del Sol.
RICHARD   On és la plaça del Sol?
PASSER-BY   A veure, la plaça del Sol ... és molt a prop, al final d'aquest carrer. Són dos minuts.

Vocabulary

com ha dit?	what did you say?
a prop	near
al final	at the end
la plaça	square
el minut	minute

Language points

Useful expressions

Perdoni is the formal/polite equivalent of **perdona**, both translating 'excuse me'.

Com ha dit? is a common way of asking politely for something to be repeated, literally: 'what have you said?' (= what did you say?). **Pot repetir, sisplau?**, or **pot repetir-ho, sisplau?**, which we have come across earlier, would be alternatives. We have also heard **repeteixo** in audio exercises, which means literally 'I repeat'.

The article 4: contractions with prepositions

This dialogue contains another example of how **a** (= in/at) combines with the article **el** to form **al** (**AL final d'aquest carrer**). Similarly **de** (= of/from) with **el** forms **del**: **on és la plaça DEL Sol?** This has to do with the running together of vowel sounds, and explains why in the feminine **a la** and **de la** remain separate. The other common preposition that contracts is **per** + **el** = **pel**.

Tu *and* vostè *3*

This type of conversation with a stranger is usually conducted with the polite form of address, using **vostè**. However, young people or people of the same age would normally use **tu**, and many people believe that **tu** is gaining ground over the use of **vostè**. Remember that the **vostè** form is used with the verb in the third person and that the word **vostè** itself is very often left out, as in **sap on és ...?** More examples: **(vostè) parla bé el català**; **on viu (vostè)?**

The present tense of the irregular verb saber 'to know'

sé	sabem
saps	sabeu
sap	saben

The two verbs ser *and* estar 'to be' *2*

We have heard how **ser** is used to express identity (as in **sóc el Martin**), origin (as in **sóc anglès**) and inherent characteristics (as in **és de plàstic**). In this dialogue we observe another important use of **ser**: to express position, and it is heard with this meaning throughout the rest of this unit in the question **on és ...?** (= where is ...?) and the appropriate replies.

Estar was used earlier to ask and explain how someone is/feels (**com estàs?**; **estic bé**), a state that may change. It should be noted that **estar** is often also used to express position and **on està ...?** instead of **on és ...?** is another way of asking where a place is. As indicated in the Introduction, we focus on the Catalan spoken in central Catalonia and we have pointed out that there are variations in the way the language is spoken in other areas. The use of **estar** is one such variation. For example, Catalan speakers in Valencia will always use **estar** to express position.

Exercise 1

Fill in the gaps following the model given in the example (question 1). Use **perdoni/perdona**, **sap/saps**, **és**, **al/a la**.

1 –Perdoni, <u>sap</u> on és l'Hotel Miramar?
   –És <u>a la</u> plaça del Sol.
2 –_____, sap on és el bar Matias?
   –És _____ plaça d'Hèrcules.
3 –_____, saps on és el restaurant Pirineu?
   –És _____ carrer Antic.
4 –Perdoni, _____ on és el Camp Nou?
   –És _____ carrer Maillol.
5 –Perdoni, sap on _____ el cafè París?
   –És _____ plaça del Pi.
6 –Perdona, _____ on és la biblioteca?
   –És _____ final d'aquest carrer.
7 –_____, sap on és la universitat?
   –És _____ final d'aquesta plaça.
8 –_____, saps on és la discoteca?
   –És _____ carrer Major.

Exercise 2

Translate the following sentences into Catalan:

1 Where are you from? I am Mallorcan.
2 Hello, good morning, how are you?
3 What is this, please?
4 What colour is the shirt? It's yellow.
5 Which one is your brother?
6 How is Martí? Is he well? No, he is not well.
7 Where is your father from?
8 My name is Noah and I am from San Francisco.
9 I am very well, and how are you?
10 Do you know where the library is?
11 James is Scottish. He is very well now. He is in the plaça del Sol in a cafè near the Rambla.

Dialogue 2 🎧

Richard arrives at his hotel and speaks to the receptionist.

RICHARD	Hola.
RECEPCIONISTA	Hola, bona tarda.
RICHARD	Tinc una habitació reservada.
RECEPCIONISTA	Com es diu, vostè?
RICHARD	Nightingale, Richard.
RECEPCIONISTA	Com s'escriu?
RICHARD	N-I-G-H-T-I-N-G-A-L-E.
RECEPCIONISTA	Molt bé. Pot signar, sisplau? ... Té la tres-cents deu. L'ascensor és al final a la dreta. És al tercer pis.
RICHARD	Gràcies.
RECEPCIONISTA	De res.

Vocabulary

bona tarda	good afternoon
l'habitació (f.)	room
reservat, -ada	reserved, booked
signar	to sign

l'ascensor (m.)	lift, elevator
a la dreta	on the right
tercer, -a	third
el pis	floor

Language points

Bon dia is the usual way of saying 'good day' and 'good morning'. From early afternoon the appropriate greeting is **bona tarda**, both for 'good afternoon' and 'good evening'. 'Good night' is **bona nit**.

Numbers from 101–1,000 and beyond

	Masculine	*Feminine*
101	cent u/cent un	cent una
102	cent dos	cent dues
110	cent deu	
120	cent vint	
200	dos-cents	dues-centes
300	tres-cents	tres-centes
400	quatre-cents	quatre-centes
500	cinc-cents	cinc-centes
600	sis-cents	sis-centes
700	set-cents	set-centes
800	vuit-cents	vuit-centes
900	nou-cents	nou-centes
1.000	mil	
1.001	mil u (mil un)	mil una
1.002	mil dos	mil-dues
1.010	mil deu	
1.100	mil cent	
1.200	mil dos-cents	mil dues-centes
2.000	dos mil	dues-mil
100.000	cent mil	
1.000.000	un milió	
2.000.000	dos milions	

The gender of numbers

The hundreds, and numbers ending in one and two, have a masculine and a feminine form. Other numbers have the same form for both genders. Consider: **dues-centes, tres-centes, quatre-centes, cinc-centes lliures esterlines** (= £200, £400, £500, etc.) because **la lliura** is a feminine word (but note **cinc-cents euros**, because **l'euro** is masculine).

Exercise 3

You are asked to check some figures on a list. Listen to the audio and check if the numbers listed below correspond to the ones you hear. There are four discrepancies.

373   452   995   123   2861   382

765   215   3578   640   189   62432

Exercise 4

In the hotel the receptionist asks some guests to spell their names. Listen to the audio and see if you can write the names down. Refer to the alphabet in the Pronunciation guide if necessary.

1 _____
2 _____
3 _____
4 _____
5 _____

Exercise 5

Match the questions in the left-hand column with the answers in the right-hand column. (You may want to refer to the Language builder at the end of Unit 8.)

Questions	*Answers*
1 Nom?	a Plaça Major 32
2 Cognoms?	b una habitació doble
3 Adreça?	c la de quaranta euros
4 Habitació individual o doble?	d el dia sis de novembre

5	Amb bany o sense?	e	Miquel
6	Quantes nits?	f	amb bany
7	Dia d'arribada?	g	Rodríguez i Gilabert
8	La de 40€ o la de 60€ amb vista al mar?	h	dues nits

Dialogue 3

Richard enquires at reception about somewhere to eat.

1 Is there a restaurant in this hotel?
2 How long will Richard have to walk for?

RICHARD	Escolti, que hi ha restaurant, a l'hotel?
RECEPCIONISTA	Ho sento, restaurant no, però hi ha cafeteria.
RICHARD	On és?
RECEPCIONISTA	És al segon pis.
RICHARD	I . . . hi ha un restaurant a prop?
RECEPCIONISTA	Sí, però si vol un restaurant una mica bo, és més lluny. A deu minuts.
RICHARD	És fàcil de trobar?
RECEPCIONISTA	Sí. És el primer carrer a mà dreta i, llavors, agafi el segon carrer a l'esquerra. És a la cantonada, es diu Barcino.
RICHARD	Moltes gràcies . . . fins després.

Vocabulary

ho sento	I am sorry
la cafeteria	snack bar, café
si	if
una mica	a little, fairly
bo, bona	good
lluny	far
trobar	to find
a mà dreta	on the right-hand side
llavors	then
a l'esquerra	on the left
la cantonada	corner
fins després	see you later

Language points

Useful expressions

Ho sento (molt). The **ho** means 'it', so when you say sorry in Catalan you are literally saying 'I feel it'.

In **és fàcil de trobar** we see how some expressions take a preposition. In English this phrase corresponds with 'it is easy to . . .' or 'is it easy to . . .?' if a question. Two further examples: **és fàcil de fer** (= it's easy to do); **és fàcil d'anar al restaurant Barcino** (= it's easy to go to restaurant Barcino), etc. Note that in Catalan a preposition can only be followed by an infinitive, while in English the option 'going to Restaurant Barcino is easy' exists.

The command form 1

Escolti like **perdoni** is a command form. Both have the characteristic **-i** ending which is used to make polite (**vostè**) requests. It is a very useful ending when giving directions or listening to others giving directions. In earlier units we heard the equivalent in the less formal **tu** form: **escolta** and **perdona**. In this context, other verbs are frequently heard, for example:

vagi (from **anar** = to go) as in:

Vagi fins al final del carrer, i és a l'esquerra
(= Go to the end of the street and it is on the left);

agafi (from **agafar** = to take, to catch) as in:

Agafi el primer carrer a la dreta
(= take the first street on the right);

giri (from **girar** = to turn) as in:

Al final del carrer, giri a l'esquerra
(= turn left at the end of the street).

Prengui (from **prendre** = to take), which appeared earlier in the context of having drinks, is also used in directions; like **anar**, it is irregular. For example:

Prengui el primer carrer a la dreta.

The command form can be used with most verbs. Consider: **parli més a poc a poc, sisplau**.

Ordinal numbers

The ordinal numbers (first, second, etc.) up to tenth, which you can listen to on the audio, are as follows:

1r	primer	1a	primera
2n	segon	2a	segona
3r	tercer	3a	tercera
4t	quart	4a	quarta
5è	cinquè	5a	cinquena
6è	sisè	6a	sisena
7è	setè	7a	setena
8è	vuitè	8a	vuitena
9è	novè	9a	novena
10è	desè	10a	desena

Exercise 6

Following the model in the example, give the directions you are asked for by consulting the street plan on p. 70.

Example:
1 Sí, agafi el tercer carrer a mà esquerra i és a la dreta.

Perdoni, sap on és . . .?

1 el bar Pepis
2 el Banc de Sabadell
3 la farmàcia
4 el cine Kursal
5 la floristeria Sant Jordi
6 el supermercat
7 el videoclub
8 el cafè Girona

Exercise 7

Using the same street plan, complete the answers for places that are not nearby, following the model given in the example. Note that **caixa** (pronounced /casha/) means 'savings bank', and that **herbolari** is a 'herbalist'.

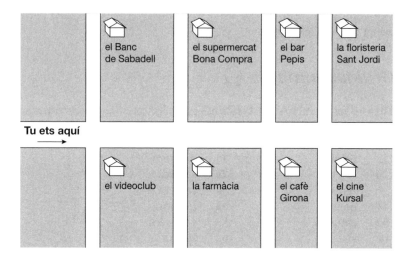

el Banc de Sabadell

el supermercat Bona Compra

el bar Pepis

la floristeria Sant Jordi

Tu ets aquí
→

el videoclub

la farmàcia

el cafè Girona

el cine Kursal

Example:
1 Ho sento, no hi ha un restaurant a prop, però hi ha el cafè
Girona i el bar Pepis.

	1 un restaurant	
	2 un mercat	
Perdona, saps si hi ha ...	3 una Caixa de	a prop d'aquí?
	Tarragona	
	4 un teatre	
	5 una clínica	
	6 un herbolari	

Exercise 8

You have arrived at your hotel. Now take part in a conversation
with the receptionist by putting our English suggestions into
Catalan. The receptionist addresses you:

RECEPCIONIST	Hola, bona tarda.
YOU	Say: *Good evening. I have reserved a room.*
RECEPCIONIST	Com es diu, vostè?
YOU	Say: *My name is Milner.*
RECEPCIONIST	Com ha dit?
YOU	Spell: *M-i-l-n-e-r.*
RECEPCIONIST	A veure, no, no té una reserva.
YOU	Ask: *Can you repeat that please?*

RECEPCIONIST	No hi ha una reserva amb aquest nom ... Ah! Perdoni, sí, sí és la tres-cents vint-i-cinc. Perdoni.
YOU	Say: *Very well, thank you.* Ask: *Where is the lift?*
RECEPCIONIST	Al final a la dreta. L'habitació és al tercer pis.
YOU	Say: *See you later.*

Exercise 9

Translate this text into English. You can check it in the Key to exercises.

Barcelona és una ciutat gran, una de les més importants del Mediterrani. La seva població és aproximadament dos milions d'habitants, però la seva àrea metropolitana té més de quatre milions. Està situada entre el mar i la muntanya. És un important centre comercial i administratiu. Hi ha molta activitat cultural, comercial i esportiva: concerts, òpera, teatre, festivals de cinema, exposicions, fires internacionals, convencions i reunions sobre temes molt diversos. És la ciutat europea preferida per molts turistes per visites breus i té més de cinc-cents hotels de diverses categories.

8 Quina és la teva adreça?

What's your address?

In this unit you will learn about:

- Giving and understanding addresses and locations
- **L'Eixample**
- The verbs **anar** 'to go', **venir** 'to come', and **viure** 'to live'
- The pronoun **hi**
- Prepositions and adverbial expressions of place

Dialogue 1 🎧

From the hotel, Richard phones his friend Elisenda, whom he hasn't seen for some time.

1 Where is Richard staying in Barcelona?
2 What street does Elisenda live in?

RICHARD	Elisenda, sóc el Richard. Sóc a Barcelona.
ELISENDA	Quina sorpresa! Què fas? On ets?
RICHARD	Sóc a Barcelona. A l'Hotel Miramar. Saps on és?
ELISENDA	No, no sé on és. I per què no véns a casa meva?
RICHARD	No sé on vius, però puc agafar un taxi. On vius? Quina és la teva adreça?
ELISENDA	Visc al carrer Mallorca, 175, entre Casanova i Muntaner. És el segon primera.
RICHARD	Carrer Mallorca, 175, segon primera. Molt bé, fins ara, Elisenda.
ELISENDA	Fins ara, Richard.

Vocabulary

fer	to do, to make
venir	to come
la casa	house, home
entre	between
fins ara	see you soon

Culture note

L'Eixample

The street plan below shows a section of the **Eixample**, an area of Barcelona built mainly in the second half of the nineteenth century, which contains most of the city's modernist buildings. Noted for its grid system of streets, the Eixample was built on the empty land between what was then Barcelona and the surrounding villages of Gràcia, Sants, Sarrià, etc. To a great extent these areas of Barcelona continue to foster their own quite distinctive character inside the large conurbation. The main arteries of the Eixample are **el passeig** (= promenade) **de Gràcia** and **l'avinguda** (= avenue) **Diagonal**. As its name suggests, this avenue crosses the Eixample diagonally.

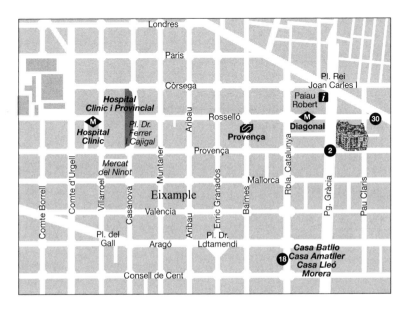

Language points

Useful expressions

Què fas? is a simple present tense but in English would often be translated as 'what are you doing?', showing us that the English and Catalan present tenses do not correspond exactly.

Fins means 'until/up to' with regard to both time and space. In this dialogue it is used in combination with **ara** (= now) to form the expression **fins ara**, which is the standard way of saying 'see you soon'.

Giving directions

Because of the design of the Eixample and whole areas of other Catalan cities, when giving directions it is normal to give the name of the street and the two intersecting streets. The woman in the dialogue says **Visc al carrer Mallorca 175, entre Casanova i Muntaner**, literally 'I live on Mallorca Street, between Casanova and Muntaner'. Note that **carrer** can be left out. Note also that the preposition **de** which appears in the street plan is usually omitted.

Giving your address

Most people live in blocks of apartments. The way of saying the address involves saying the street, the door number, the floor and the apartment door number. For example:

Enric Canals
C/ Quintana 28, 4t, 3a
17300 Blanes

Enric lives in Quintana Street (**c/** = **carrer**), at number 28, on the fourth floor (**el pis**), and his is the third door (**la porta**) on that landing. His postal code (**el codi postal**) is 17300, in the seaside town of Blanes. So, in the dialogue, Elisenda lives on the second floor of her block, door number 1.

Regular verbs: the present of the second and third conjugations

New verbs continue to appear in the dialogues. Many, like **agafar**, are regular and will follow the model introduced earlier with **parlar**. We have also heard some irregular verbs and you are probably becoming aware of some emerging patterns which are common to most verbs and tenses:

	The following forms	*end in the following letter*
Singular	**(jo)**	–
	(tu)	-s
	(vostè/ell/ella)	–
Plural	**(nosaltres)**	-m
	(vosaltres)	-u
	(vostès/ells/elles)	-n

A good way of mastering the verb forms is to look for existing patterns. You could start by comparing the endings of regular first conjugation verbs (infinitive in **-ar**) with the endings of regular second conjugation ones (infinitive in **-re** or **-er**) and the third conjugation (infinitive in **-ir**). Regular verbs of the second and third conjugation are relatively few in number; you will hear examples in some of the dialogues. Also, Unit 15 will expand on the basic patterns which are:

	First conjugation	*Second conjugation*	*Third conjugation*
	parlar	**perdre** (= to lose)	**dormir** (= to sleep)
1	**parl-o**	**perd-o**	**dorm-o**
2	**parl-es**	**perd-s**	**dorm-s**
3	**parl-a**	**perd**	**dorm**
4	**parl-em**	**perd-em**	**dorm-im**
5	**parl-eu**	**perd-eu**	**dorm-iu**
6	**parl-en**	**perd-en**	**dorm-en**

Once you are familiar with the endings, all you need to do is to add them to the stem. The stem is the infinitive minus the **-ar**, **-er/-re**, **-ir** ending.

Irregular present tenses: anar, venir, viure

Now see how even verbs that are irregular conform to a large extent to the basic pattern. The present tenses of **anar**, **venir** and **viure** are:

anar (to go):   **vaig, vas, va, anem, aneu, van**
venir (to come):   **vinc, véns, ve, venim, veniu, vénen**
viure (to live):   **visc, vius, viu, vivim, viviu, viuen**

Exercise 1

Listen to the following nine sentences and mark the appropriate column according to the ending of the verb you hear.

Example:
1 El Manu i la Maria visiten la seva família is 6.

	1	*2*	*3*	*4*	*5*	*6*
1	___	___	___	___	___	**✗**
2	___	___	___	___	___	
3	___	___	___	___	___	
4	___	___	___	___	___	
5	___	___	___	___	___	
6	___	___	___	___	___	
7	___	___	___	___	___	
8	___	___	___	___	___	
9	___	___	___	___	___	

Exercise 2

Fill in the gaps with the appropriate forms of the verbs learnt in this unit.

1 –_____ (*I live*) al carrer Ausiàs March, a prop de la plaça Urquinaona. On _____ (*do you live, use* **vosaltres**)?
–_____ (*we live*) al carrer Provença, entre la Diagonal i la Sagrada Família. _____ (*are you coming, use* **tu**) ara?
–Ara no, primer _____ (*I go*) a casa de la meva germana. _____ (*she lives*) al carrer Rosselló.
–És a prop. Per què no _____ (*you come, use* **vosaltres**) tots dos, després a fer el cafè?

2 –On _____ (*do you go/are you going, use* 'tu')?
   –Primer, _____ (*I go/I'm going*) a visitar el meu cosí.
   –On _____ (*does he live*)?
   –A Guinardó.
   –I on _____ (*do you go/are you going, use* 'vosaltres') després?
   –Després, _____ (*we go/we are going*) al cinema. _____ (*Do you want to come, use* 'tu')?

Exercise 3

Following the model in the example, ask and answer questions about the addresses that appear below. Use the map of the Eixample on page 73 to help you with your answers. The first one has been done for you.

1 –On vius,   Enric?   (carrer València 206)
   –On viviu,
   Answer: –Visc al carrer València, entre Aribau i Muntaner.

2   Maria?   (carrer Aragó 192)
3   Francesc?   (carrer Villarroel 151)
4   Oriol i Enriqueta?   (carrer Muntaner 92)
5   Isabel?   (Enric Granados 95)
6   Elena i Josep?   (Casanova 119)

Dialogue 2 🎧

Richard asks a passer-by for directions to Elisenda's.

RICHARD   Per anar al carrer Mallorca, sisplau?
PASSER-BY   Quina part del carrer Mallorca?
RICHARD   175, entre Casanova i Muntaner. És millor agafar un taxi?
PASSER-BY   No cal; és a prop. Pot anar-hi a peu, són vint minuts.
RICHARD   I com s'hi va?
PASSER-BY   Agafi el carrer Còrsega fins a la cantonada amb Muntaner, a l'esquerra i torni-ho a preguntar. No és difícil.

Vocabulary

millor   better, best
a peu   on foot
preguntar   to ask

Language points

Useful expressions

Per + infinitive means 'in order to', as in **per anar ...** 'to go to ...'.
   Tornar a means to do something (in this case **preguntar**) again.
   No cal is a very expressive way of saying 'it is not necessary'. The phrase **no és necessari** also exists, but it is not very frequently used. It can also be used in the positive: **cal agafar el primer carrer a la dreta** (= you need to take the first street on the right).
   If the address given is on a corner it is very easy to express: **visc a la cantonada de Mallorca i Muntaner**. Or even: **visc a Mallorca**

amb Muntaner. The plans produced by the architect Ildefons Cerdà (1815–76), original designer of the Eixample, incorporated corners that were chamfered to overlook the junctions and squares. As a result of this design, each corner (**cantonada**) contains a number of addresses. Giving directions to a taxi driver can also be very easy, simply: **a Mallorca amb Muntaner, sisplau?**

Weak pronouns 2: the pronoun of location hi

We have already seen **hi** in the phrase **hi ha** (= there is). Like **ho** (= it, that), here seen with **torni-ho a preguntar** (literally, 'ask (that) again'), **hi** also makes an important contribution to the Catalan language. **Hi** means 'there' referring back to a place already mentioned: **pot anar-hi a peu** (= you can go there on foot) instead of repeating **pot anar al carrer Mallorca, entre Casanova i Muntaner, a peu**.

    Com s'hi va? takes advantage of the flexibility and brevity which **hi** offers and combines it with another characteristic pronoun: **es** (considered later in more detail). The pronoun **es** (= one/oneself) takes the form **s'** when followed by a vowel: the **h** is silent, therefore **hi** begins with a vowel sound. So the English equivalent to **com s'hi va?** is 'how does one get there?'.

Prepositions

These dialogues involving directions are peppered with prepositions. Prepositions usually establish a relationship between words ('in', 'at', 'on', 'by', 'with', 'from', 'of', 'for', etc.). The preposition most frequently used here is **a** because it means both 'in'/'at' (position): **a l'esquerra**; **a la cantonada**; and 'to'/'towards' (direction): **per anar al carrer Mallorca, sisplau**. Other important prepositions for giving directions are **de** 'of' and **entre** 'between': **quina part del carrer Mallorca?**; **entre Casanova i Muntaner**. Also, **fins a** 'until': **fins a la cantonada**. Another preposition, **des de**, meaning 'from', is used in Exercise 5 below, where there are also several uses of the preposition **per** meaning 'through' and 'in order to'. (A list of common prepositions is included in the Language builder.)

Exercise 4

Fill in the gaps with the prepositions **a**, **de**, **fins a**, **amb**, **a prop de**, **entre** and the contractions **al**, and **del**:

1 Jo visc _____ carrer Aribau, _____ París i Còrsega, _____ la cantonada Aribau-París.
2 Per anar _____ casa _____ la meva filla, agafo el carrer París _____ la Via Augusta. És molt a prop, és _____ final _____ carrer _____ l'esquerra. Són dos minuts.
3 –Viviu _____ la plaça Lesseps?
 –Sí, relativament, vivim _____ el Park Güell i el Carmel.
4 –No sé on viu el Pau.
 –Viu _____ carrer Diputació, a la cantonada _____ Roger de Llúria: _____ les estacions de metro de Girona i de Passeig de Gràcia.

Exercise 5

Indicate the place that each of the **hi** pronouns refers to in this text.

Example: 1 Menorca

Vull tornar a visitar Menorca, però no vull anar-hi (1) quan hi ha molts turistes. Hi (2) vaig al novembre quan s'hi (3) està molt tranquil. No cal passar per Mallorca per anar-hi (4). Hi ha vols directes des de les Illes Britàniques. També és bona idea visitar Mallorca; és una illa meravellosa. Jo hi (5) passo les vacances sempre que puc. S'hi (6) pot anar molt fàcilment per mar des de Barcelona i València, i amb avió, des de moltes ciutats europees.

Exercise 6

Referring to the map of the Eixample (p. 73), find out which two streets you would end up on if you followed the directions on the audio. Turn to the Language builder to help you.

Exercise 7

Read the description of some of Barcelona's best-known neighbourhoods, **els barris**, and answer the following questions.

1 According to this text, which is the district of Barcelona preferred by visitors?

2   Which district was built during the industrial revolution?
3   Which district is recommended for its social life?
4   In which part of Barcelona is the cathedral situated?
5   According to the text, around which public spaces does most of the social life in the district of Gràcia take place?

Al segle XIX Barcelona és una ciutat molt petita: és només la part on ara són els barris del *Raval* i *Ciutat Vella*. Una secció important de *Ciutat Vella* és el *Barri Gòtic*, que és el barri preferit de molts turistes i visitants, i té edificis històrics molt importants, per exemple, la Catedral o el Saló del Tinell. A finals del segle XIX, la construcció de l'*Eixample* és el resultat de la Revolució Industrial i conté els edificis de molts arquitectes famosos com, per exemple, Domènech i Montaner, Puig i Cadafalch i el més famós de tots, Antoni Gaudí. L'*Eixample* connecta Barcelona amb altres poblacions que ara són barris de Barcelona, per exemple, el popular barri de *Gràcia*, on hi ha un ambient molt agradable amb una gran concentració de bars, restaurants i espais públics. Una de les característiques principals d'aquest barri és que la vida social es concentra a les places, per exemple, la plaça del Sol, la plaça del Diamant, la plaça Rius i Taulet, etc.

Language builder

Booking a hotel room

Tenen habitacions lliures?	Do you have any vacant rooms?
Individual o doble?	Single or double?
Amb bany o sense bany?	With bathroom or without a bathroom?
Per quantes nits?	For how many nights?
Per dues nits	For two nights
Quin preu té l'habitació per una nit?	How much is a room for one night?
Quin dia arriba?	What date do you arrive on?
l'arribada	arrival

Directions

a la dreta	on the right
a mà dreta	on the right-hand side

Prepositions

a	in, at, to
en	in, at

a l'esquerra	on the left	**de**	of
a la cantonada	on the corner	**amb**	with
a prop	near	**sense**	without
lluny	far	**des de**	from
al final (de)	at the end of	**entre**	between
tot recte	straight ahead/ on	**fins (a)**	until
aquí	here	**cap a**	towards
allà	there	**per**	through, by, in order to

Position

a sobre	on	**davant (de)**	in front of
a sota	underneath	**darrere (de)**	behind
al costat (de)	next to		

9 Tot passejant per la Rambla

A walk down the Ramblas

In this unit you will learn about:

- Telling the time
- Finding out about opening hours
- Discussing what to do
- Arranging to meet someone
- The present tense of the verbs: **fer** 'to do', **sortir** 'to go out', **tancar** 'to close', **obrir** 'to open'
- Adverbs ending in **-ment** '-ly'
- Parts of the day
- The days of the week
- Exclamations

Dialogue 1 🎧

Josep and Núria wake up late and decide what they are going to do.

- **In which order do the following phrases appear in this dialogue?**

No és possible _____
Vull fer moltes coses _____
Són les onze _____
Tant és! _____
Gràcies, maco _____

NÚRIA	Quina hora és?
JOSEP	Són les tres.
NÚRIA	Que tard ... No és possible. Avui vull fer moltes coses ... Va, quina hora és?

JOSEP	Són les onze.
NÚRIA	Ah! ... Gràcies, maco ... Vols anar a esmorzar a la Rambla?
JOSEP	Sí, però si no marxem aviat ... potser dinar, en lloc d'esmorzar.
NÚRIA	Esmorzar, dinar, berenar, sopar ... Tant és! Podem passar tot el dia a la Rambla.
JOSEP	Però no dius que vols fer moltes coses?
NÚRIA	Sí, però és que a la Rambla hi pots fer de tot!

Vocabulary

l'hora (f.)	hour, time
que tard!	how late!
tard	late
avui	today
marxar	to leave
la cosa	thing
maco, -a	sweetheart, nice, good
aviat	soon, early
potser	maybe, perhaps
en lloc de	instead of
tant és!	it doesn't matter
passar	to spend, pass
el dia	day
fer de tot	to do anything/everything

Culture note

La Rambla

La Rambla is the world-famous boulevard that links the centre of Barcelona with the sea. It is celebrated for its cafés, shops, flower stalls, restaurants and above all as a focal point for locals and tourists alike. It comprises several sections: **la Rambla dels Estudis**, **la Rambla de les Flors**, **la Rambla dels Caputxins** and **la Rambla de Santa Mònica**. This explains the use of the plural, **les Rambles**, which is also often used ('las Ramblas' in Spanish). A stroll down the Ramblas offers a variety of experiences, two of which are referred to in the next dialogue: being entertained by street performances, in this case a mime group, and the opportunity to visit a traditional and very lively market, **el Mercat de la Boqueria**.

Language points

Useful expressions

- **Tant és** = it doesn't matter/it is not important. A common alternative would be **no importa**.
- **No és possible** = it's not possible.

The main meals of the day

l'esmorzar (m.)	breakfast
el dinar	lunch
el berenar	afternoon snack, afternoon tea
el sopar	evening meal

Note that they are all verbs as well, as can be seen in these examples:

Sempre esmorzo al bar Zurich
(= I always have breakfast at Zurich's).

la Maria dina molt tard
(= Maria has lunch late).

As in previous units, you may wish to turn to the Language builder as you work through in order to complement points discussed.

The present tense: fer 'to do'/ 'to make'

The verb **fer** is an often used irregular verb. It appears here in the infinitive. In the next dialogue it appears in the present tense, which is as follows:

faig, fas, fa, fem, feu, fan

Asking and telling the time 1: the hours

The basic formula for asking and telling the time is, as we hear in this dialogue: **quina hora és? Són les tres** (= what time is it? It is three o'clock). Note that **hora** is feminine and therefore the feminine article is used here because it refers to the feminine plural **les hores**. For the same reason, 'it is two o'clock' is **són les dues**, the feminine form of **dos**. In the case of 'it is one o'clock' = **és la una**, the verb is not **són** but the singular **és**.

Hi *used for emphasis*

Notice how **hi** is used in **a la Rambla *hi* pots fer de tot**, referring back to **a la Rambla** for greater emphasis. This is a particular feature of the spoken language.

Exercise 1

Following the model in the example, write out the times given below:

1	Quina hora és?	6.00	Són les sis.
2		11.00	_____
3		9.00	_____
4		4.00	_____
5		1.00	_____

Dialogue 2

Josep and Núria stroll down the Ramblas.

Activity 1

1 The two speakers mention one meal. Which meal is it?
2 There are many mentions of specific times. What are they discussing?

Activity 2
Put these new words in the order you hear them in the dialogue:

grup de mim	_____
tancar	_____
tranquil·lament	_____
la llibreria	_____
òndia	_____
vols entrar-hi?	_____
l'horari	_____

NÚRIA	Aquest és el Mercat de la Boqueria. Vols entrar-hi?
JOSEP	No, ara no, podem tornar aquesta tarda a comprar-hi el sopar. Ara és millor passejar tranquil·lament. Quin horari fan?
NÚRIA	Em sembla que obren a les vuit i tanquen a les cinc.
JOSEP	I les llibreries, quin horari fan a Barcelona?
NÚRIA	Depèn. Hi ha llibreries que obren tot el dia. Però algunes tanquen al migdia. Generalment al matí obren a les nou i tanquen a la una, i a la tarda obren a les quatre i tanquen a les vuit.
JOSEP	Mira aquest grup de mim.

NÚRIA	Què fan?
JOSEP	No ho sé. Però mira, mira . . . coneixes aquesta noia?
NÚRIA	No.
JOSEP	Segur que no?
NÚRIA	A veure . . . Òndia! Però si és la meva germana!

Vocabulary

entrar	to go in
tornar	to return, to come back, to do something again
comprar	to buy
passejar	to stroll
tranquil·lament	leisurely
l'horari (m.)	opening hours
em sembla	I think, it seems to me
obrir	to open
tancar	to close
la llibreria	bookshop
depèn	it depends
alguns, -unes	some
el grup de mim	(group of) mime artists
no ho sé	I don't know (it)
conèixer	to know (people), be acquainted with
noi, -a	boy, girl
segur	sure
òndia	gosh, crikey, wow, etc.

Language points

Useful expressions

The last two lines of the dialogue, when Núria realises her sister is one of the members of the mime group, have an idiomatic flavour with several colloquial expressions: **Segur que no?** (= (Are you) sure (that you do) not?). **Òndia** is an exclamation expressing admiration or surprise.

Però si . . . does not translate literally as 'but if' . . ., which is the meaning of the two words. Instead the combination is used with two meanings:

1   To express mild protest, as we heard in Dialogue 1: **però si no marxem aviat** (= but unless we get going soon). Or in a sentence like: **però si jo no he fet res!** (= but I haven't done anything!).
2   To express surprise, in sentences such as **però si és la meva germana!** in this dialogue.

Adverbs ending in -ment '-ly'

There is quite a close correspondence between the way in which English forms adverbs by adding '. . . ly' and the Catalan system, which is to add **-ment** to the *feminine* form of the adjective. In the dialogue we hear **tranquil·lament** from **tranquil·la**, the feminine form of **tranquil**. Other examples: **ràpid** → **ràpida** → **ràpidament**, **exacte** → **exacta** → **exactament**, **precís** → **precisa** → **precisament**, etc.

Present tense: obrir 'to open' and tancar 'to close'

Obrir and **tancar** illustrate important aspects of the way Catalan verbs work. In Unit 2, we saw that most regular verbs end in **-ar**. **Tancar** belongs to this group. In the spoken language this verb is completely regular. However, there is a spelling change in the written form:

tanco, tanques, tanca, tanquem, tanqueu, tanquen

A few verbs behave like this; the spelling change (in this case **c** to **qu**) is necessary in order to preserve the same **k** sound throughout the conjugation of the verb. **Obrir** is an example of the verbs with the infinitive ending in **-ir**, the small group of verbs known as the third conjugation, many of which have minor irregularities:

obro, obres, obre, obrim, obriu, obren

Asking and telling the time 2: opening hours

Quin horari fan? is a good way of asking about opening hours. Complementary questions are: **a quina hora obren?** (= at what time do they open?) and **a quina hora tanquen?** (= at what time do they close?). Note how the preposition **a** plays an important part in these constructions, usually corresponding to the English 'at': **obren a les vuit**; **tanquen al migdia**; **a la tarda obren a les quatre**; etc. Another useful preposition is **de**, in expressions like **les quatre de la tarda**; **les deu del matí**. For the names given to the different parts of the day, look at the Language builder at the end of this unit.

Exercise 2

Following the example, write the following opening and closing times in full:

	Pregunta	Obren	Tanquen
1	Quin horari fan a la farmàcia?	9.00	13.00
	Resposta: Obren a les nou del matí i tanquen a la una del migdia.		
2	A quina hora obren el supermercat?	8.00	
	Resposta: _____		
3	A quina hora tanquen el supermercat?		23.00
	Resposta: _____		
4	Quin horari fan al videoclub?	10.00	21.00
	Resposta: _____		
5	Quin horari fan a la llibreria?	16.00	20.00
	Resposta: _____		
6	Quin horari fan a la gasolinera?	5.00	22.00
	Resposta: _____		
7	Quin horari fan a la discoteca?	24.00	6.00
	Resposta: _____		

Exercise 3 🎧

Listen to the sentences on the audio, deciding if they contain words or phrases belonging to the following four categories. Some sentences may have more than one type of word or phrase. The first one has been filled in for you.

A   Time expressions
B   Exclamations/questions
C   Adverbs in -*ment*
D   Meals

	A	B	C	D
1	✓	✓		
2	___	___	___	___
3	___	___	___	___
4	___	___	___	___
5	___	___	___	___
6	___	___	___	___
7	___	___	___	___
8	___	___	___	___
9	___	___	___	___
10	___	___	___	___
11	___	___	___	___
12	___	___	___	___

Dialogue 3 🎧

Núria makes arrangements to go out with her friend Liam.

- **Decide which verb forms you hear in the dialogue:**

    1 **vull, vols, vol**
    2 **surto, surts, surt**
    3 **sopo, sopes, sopa**
    4 **dormo, dorms, dormir**

NÚRIA	Quin vespre vols sortir la setmana que ve?
LIAM	El dilluns i el dimarts surto molt tard de la feina. Què et sembla dimecres?
NÚRIA	Impossible, sopo amb els meus pares. Dijous?
LIAM	Sí, vinga, dijous. A quina hora?
NÚRIA	A dos quarts de deu?
LIAM	Millor una mica més aviat; no vull anar a dormir molt tard.
NÚRIA	Doncs, a un quart de deu?
LIAM	D'acord. Fins dijous a un quart de deu. A la Font de Canaletes?
NÚRIA	Sí, és clar, com sempre.

Vocabulary

el vespre	evening
la setmana que ve	next week
la feina	work, job
impossible	impossible
els pares	parents
dormir	to sleep
d'acord	agreed, OK, fine
com sempre	as always, as usual

Language points

Useful expressions

Vinga is another example of the frequent use of exclamations and interjections which are such an important feature of colloquial Catalan. They are often difficult to translate. In this case it means 'that's decided', 'agreed then'. It is often used to express encouragement: 'let's do it then'. Sometimes it is even used as an informal way of saying 'goodbye'.

D'acord is the standard way of expressing agreement. **La Font de Canaletes** is a popular meeting point at the beginning of the Ramblas in plaça Catalunya. Legend has it that visitors who drink from the fountain will return to Barcelona.

In the previous dialogue we came across **em sembla** meaning 'I think'/'It seems to me'. We now hear it as a question: **què et sembla dimecres?** (= what does Wednesday seem like to you?/What (do you think) about Wednesday?).

The days of the week (els dies de la setmana)

Refer to the Language builder at the end of this unit for the list. Note that the article **el** is used to perform the function of 'on' in English: **el dilluns surto molt tard de la feina** (= on Monday(s) I leave work very late).

The present tense: sortir 'to go out'

Sortir is used here with its two main meanings. In the first question it means 'to go out', whilst in the answer it is used to mean 'to leave'/ 'to finish work'. It is also a third conjugation verb, like **obrir**, and its endings are a good example of the endings characteristic of this group:

surt **-o**	sort **-im**
surt **-s**	sort **-iu**
surt (no ending)	surt **-en**

The spelling change (in this case **sort** to **surt**) does not change the way the different forms are pronounced: the stem is always /surt/ as you can hear in the dialogue.

Asking and telling the time 3: counting in quarters

There are several ways of telling the time in Catalan. The simplest way is the 'international method', simply stating the hour and the minutes. For example: **són les deu vint-i-cinc**; **són les onze quaranta**.

When using this method, common for example with railway timeta-
bles, speakers sometimes link the hours and minutes with **i** and also
sometimes add the word **minuts**, for example: **són les deu i vint-i-
cinc minuts**.

If you find any of the explanations below difficult, it is useful to
know that you can always resort to this method. However, when it
comes to understanding others telling the time, you are going to
hear a variety of expressions which you should at least be able to
understand. There are two such expressions in this dialogue, which
use the traditional way of telling the time, based on counting the
quarters to the next hour.

Consider the following examples:

És un quart de deu   = 9.15 (literally: one quarter of ten)
Són dos quarts de deu = 9.30 (literally: two quarters of ten)
Són tres quarts de deu = 9.45 (literally: three quarters of ten)

Exercise 4 ⌕

Here is an opportunity to practise the mental arithmetic necessary
to count in quarters. Listen to the audio and write down the times
you hear:

1 _____
2 _____
3 _____
4 _____
5 _____
6 _____

Exercise 5

Using the same method, write the following times in full in Catalan:

1 3.15   _____
2 11.30   _____
3 4.45   _____
4 10.30   _____
5 6.15   _____
6 2.45   _____
7 1.30   _____

Dialogue 4 🎧

Liam asks in the street if there is a chemist's nearby.

1 Why is the <u>farmàcia</u> closed?
2 What time is it?

LIAM	Perdoni. Que hi ha una farmàcia, en aquest barri?
DONA	Sí, a la cantonada. Però, no és oberta, és l'hora de dinar.
LIAM	I sap a quina hora obren?
DONA	Sí, a les cinc.
LIAM	Gràcies . . . I perdoni . . . Quina hora és, ara?
DONA	Són dos quarts de cinc.
LIAM	Dos quarts de cinc?
DONA	Bé, entre dos i tres quarts. O sigui: dos quarts i mig de cinc.
LIAM	Ho sento, però no l'entenc. Quina hora diu? Les quatre trenta?
DONA	Sí, home, però més exactament, les quatre i trenta-set o trenta-vuit minuts.

Vocabulary

en	in
obert, -a	open
tancat, -ada	closed
entendre	to understand
o sigui	that is (to say)
més exactament	more precisely/exactly

Language points

Useful expressions

No l'entenc (= I do not understand you). Notice here that **el** (**l'** before a vowel) is the object pronoun corresponding to 'him'/'her'/'it'. This pronoun appears here because the **vostè** form of address is being used. If the familiar **tu** form of address were being used, the speaker would say **no t'entenc**.

Asking and telling the time 4: alternative ways

Liam's problem in this exchange is that he is not used to the system of counting in quarters, especially when, as is the case here, the quarter is subdivided. The woman says: **entre dos i tres quarts** (= between two and three quarters), and then adds: **dos quarts i mig de cinc** (= two quarters and a half towards five (15 + 15 + 7.5) = about 22/23 minutes to five).

Minor misunderstandings are not uncommon. It appears that counting in quarters is easier for those who are used to looking at the conventional clock dial. The traditional method probably originated with the very approximate way the time used to be referred to when time keeping was a more relaxed affair. The only way of knowing the time when working in the fields and unable to see the church clock, or sundial, was to listen out for the bells striking the hour and quarter chimes.

Time past the hour

Telling the time past the hour is very easily expressed: simply add minutes to the hours with **i**. For example: **són les cinc i deu**. **Són les cinc i tres minuts**. **Són les cinc i vint**.

When it comes to **són les cinc i trenta** (5.30), many speakers prefer to say: **són les cinc i mitja** (**mig**, **mitja** = half). If using the traditional method you can also add minutes to the quarters. Consider the following examples:

És un quart i cinc de set.	(6.20)
Són tres quarts i cinc de set.	(6.50)
Són dos quarts i deu de set.	(6.40)

Mig is also used in the traditional way. See if you can make out the meaning of the last sentence on the audio in Exercise 6.

Exercise 6

Write the following times in full in Catalan. The first one has been done for you.

1	7.03	Són les set i tres minuts.
2	8.12	_____
3	2.17	_____
4	3.35	_____
5	8.50	_____
6	7.22/7.23	_____

Time to the hour

Time to can be expressed in two different ways, using **falten . . . per** or with **menys**. In the first case **falten** replaces **són/és**. This can be expressed in relation to the hours or to the quarters. Consider the following examples:

Falten deu minuts per les onze.	(10.50)
Falten cinc minuts per dos quarts de dues.	(1.25)
Són dos quarts menys cinc de dues.	(1.25)
Són les deu menys vint.	(9.40)

The combination of **falten . . . per** with the counting in quarters is the traditional way.

Exercise 7

Write the following times in full in Catalan. The first one has been done for you.

1	11.50	Falten deu minuts per les dotze.
2	9.55	_____
3	12.27	_____
4	12.40	_____
5	7.50	_____
6	5.25	_____

Exercise 8

Translate the following sentences:

1 Today we want to do a lot of things.

2 We always have lunch at two o'clock.

3 What are your opening hours? (What is your timetable?) (use **vostè**)

4 At what time do you close? (use **vostè**)

5 We open at four o'clock and we close at eight o'clock.

6 On Wednesday and Thursday he leaves work very late.

7 On Sunday we go out.

8 I don't understand. Can you speak more slowly, please? What time are you saying exactly? (use **vostè**)

Exercise 9

Now take part in this conversation with Josep (use **tu**):

JOSEP	Què vols fer?
YOU	Say: *I want to go for a walk.*
JOSEP	Em sembla bé. Anem a la Rambla? Vull anar a una llibreria que hi ha a la Rambla.
YOU	Say: *OK.* Ask: *And what do you want to do this evening?*
JOSEP	Vull sortir a sopar amb la Núria. Vols venir?
YOU	Say: *Yes, at what time?*
JOSEP	A quarts de dotze.
YOU	Say: *I don't understand you. What time do you say?*
JOSEP	Entre un quart i tres quarts de dotze, o més fàcil: entre les onze i les dotze.
YOU	Say: *Wow, how late!*

Exercise 10 🎧

First, read this message sent by Teresa. Then listen to what Teresa says on the audio and compare the two accounts. There are nine important differences. Can you identify them?

VINT-I-QUATRE HORES A LA RAMBLA

Hola! Com estàs? Em dic Teresa, i de cognom, Amador, sóc la germana de la Núria, visc al carrer Ample, a dos minuts de la Rambla. Tinc un grup de mim amb dos amics, el Joan i la Rosi. Ell és de Lleida, una ciutat de l'interior de Catalunya, i ella és argentina, de Mendoza. El grup va molt bé. Generalment comencem a actuar a les onze del matí perquè és quan hi ha més turistes i fem dues o tres hores. Anem a dinar a un restaurant i després de dinar jo vaig a casa a descansar una mica. Al vespre fem quatre o cinc hores, el clima és més agradable i la gent és més interessant. A la nit, jo passejo tranquil·lament per la Rambla, hi tinc molts amics i amigues i sempre hi ha coses interessants per fer. Vaig a dormir a les tres o les quatre de la matinada, però a la Rambla encara hi ha animació. Em sembla que a la Rambla hi ha vida les vint-i-quatre hores del dia. L'únic dia que no sóc a la Rambla és el diumenge perquè vaig a casa de la meva mare. Ella no vol venir a la Rambla: diu que és caòtica i molt estressant.

Una abraçada,

Teresa

Language builder

Greetings (*les salutacions*)

hola	hello
bon dia	good morning
bona tarda	good afternoon
bona nit	good night
fins aviat	see you soon
fins ara	see you soon
fins després	see you later
a reveure	see you again
adéu	goodbye
passi-ho bé	goodbye (formal)
que vagi bé	have a good time

Parts of the day (*les parts del dia*)

el dia	day
la matinada	early morning
el matí	morning
el migdia	midday
la tarda	afternoon
el vespre	evening
la nit	night

Before and after

abans	before
després	after
ahir	yesterday
avui	today
demà	tomorrow
la setmana passada	last week
la setmana que ve	next week
l'any passat	last year
l'any que ve	next year

Meals (*els menjars/els àpats*)

l'esmorzar	breakfast
el dinar	lunch
el berenar	afternoon snack
el sopar	evening meal

Days of the week (*els dies de la setmana*)

dilluns	Monday
dimarts	Tuesday
dimecres	Wednesday
dijous	Thursday
divendres	Friday
dissabte	Saturday
diumenge	Sunday

Months (*el mes, els mesos*)

gener	**juliol**
febrer	**agost**
març	**setembre**
abril	**octubre**
maig	**novembre**
juny	**desembre**

10 Al Mercat de la Boqueria

At the Boqueria fresh food market

Dialogue 1 🎧

Mireia and Vicent arrive at the Boqueria fresh food market with their shopping list.

- **Can you identify which shop Mireia wants to go to first?**

MIREIA	Tens la llista?
VICENT	Sí, primer la pastisseria, després la peixateria i finalment la carnisseria.
MIREIA	No, jo vull anar a la verduleria.
VICENT	Per què?
MIREIA	Perquè vull comprar fruita.
VICENT	D'acord. A quina anem?
MIREIA	L'Enriqueta té la millor fruita.

VICENT   També és més cara.
MIREIA   Només una mica. I algunes coses són més barates.

Vocabulary

la llista	list
la pastisseria	cake shop, bakery
després	after, then
la peixateria	fishmonger's
finalment	finally
la carnisseria	butcher's
la verduleria	greengrocer's
la fruita	fruit
car, -a	expensive
barat, -a	cheap

Culture note

El Mercat de la Boqueria

There are over forty fresh food markets in Barcelona, one in every **barri**, all in covered halls. The most spectacular is **la Boqueria**. They are not only full of opportunities for the discerning shopper, but they are also an ideal environment for the study of local customs and social conventions. However, as in other major cities, supermarkets (**els supermercats**) and department stores (**els grans magatzems**) are playing an increasingly important role. The general term (**els**) **centres comercials** covers most of the modern types of shopping complexes.

    Botiga is the general word for a traditional 'shop'. It is often used to name shops: **la botiga de verdures** (= the greengrocer's), **la botiga de comestibles** (= the grocer's), **la botiga de roba** (= the clothes shop), etc. The **pastisseria** sells mainly cakes, pastries, confectionery and some bread. The main place to buy bread is the **forn** (or 'bakery' proper). Bread is still part of most people's staple diet and, because of its importance, the price is standardised across Spain. The main units are **les barres de quart**, **de mig**, **de quilo** (white stick loaves of 250g, 500g and 1000g).

Language points

Useful expression

Per què? (= why) and **perquè** (= because) have slightly different written forms which reflect the slight difference in intonation.

Adjectives 4

This dialogue involves descriptions, and so it is worth revising here the importance of the adjective–noun agreement in Catalan. Pay special attention to the way **cara** agrees with **fruita** (or Enriqueta), and **barates** with **coses**. You are already familiar with how to form plurals.

Exercise 1

Complete the following sentences with the appropriate form of the adjectives in brackets. The first one has been done for you.

1   La verduleria de l'Enriqueta és <u>cara</u> (car).
2   La fruita del Ramon és _____ (barat).
3   El restaurant que hi ha a la Boqueria és molt _____ (barat).
4   La carnisseria i la peixateria del Mercat de Sant Antoni són molt _____ (barat).
5   El bar i el restaurant de l'hotel són _____ (car).
6   Hi ha botigues _____ (car) amb roba molt _____ (bo, bona) que tenen sempre un producte, en oferta especial, que és molt _____ (barat).
7   Els centres comercials i les botigues de la Diagonal són molt _____ (car).

Dialogue 2 🎧

Vicent at the greengrocer's.

DEPENDENT   Qui és ara?
VICENT   Jo.
DEPENDENT   Què li poso?
VICENT   Un quilo d'aquestes pomes.

DEPENDENT	Alguna cosa més?
VICENT	Sí, té figues? Voldria mig quilo de figues.
DEPENDENT	Sí, un moment . . . Passa una mica del mig quilo. Li està bé?
VICENT	No, només en vull mig quilo.
DEPENDENT	Un moment, ai, doncs, ara falta una mica pel mig quilo.
VICENT	És igual, ja està bé.
DEPENDENT	Tingui. Què més?
VICENT	Res més. Gràcies.

Vocabulary

dependent, -a	shop assistant
qui?	who?
posar	to put, to serve, to give
quilo(gram)	kilo(gram)
la poma	apple
la figa	fig
passar	to exceed, to go over
voldria	I would like
tingui	here you are

Culture note

Shopping etiquette

Catalans are less given to standing in queues than some other nationalities. The normal procedure on entering a shop, if busy, is to ask the other customers who was the last to come in, with the question **qui és l'últim?** (as illustrated in the next dialogue) or **qui és l'última?** as appropriate. In this way, you know when it will be your turn. The shopkeeper, after serving one customer, will ask who the next to be served is, with the question **qui és ara?** (= who is it now?), as in the opening sentence of this dialogue. Large shops tend to replace this traditional system with the issue of numbers.

Language points

Useful expressions

Voldria is a polite alternative to **vull** and a common way of expressing requests. When giving something to somebody, **tingui** is a polite way of accompanying a gesture (it is the **vostè** form of the command form of **tenir**).

És igual, like **tant és** in the previous unit, is a way of saying 'it doesn't matter'. **Ja està bé** means 'that's OK'.

Passar and **faltar**, which we have seen in the previous unit in relation to time, are used here to indicate that the weight is either more or less than requested.

Passa una mica de mig quilo means 'it is just over half a kilo'. **Ara falta una mica** means that 'now it is a little bit under'.

Weak pronouns 3: the indirect object pronoun li

In 'Weak pronouns 1' you learnt that an /l/ sound immediately before or after a verb is likely to be a third person pronoun. **Li** means 'to him', 'to her' or 'to you' when using the **vostè** form, as in this dialogue. Unlike other pronouns, its form never changes, regardless of position. It is an indirect object pronoun, which means that the person it represents benefits from the action of the verb. Consider: **li dono euros** (= I give euros to you), where **euros** is the direct object, the thing given, and 'to you' (**li**) benefits from the action of the verb 'to give'. So, **què li poso?** means 'what do I put/serve (to) you?' This phrase is one of several ways shopkeepers have of initiating a conversation with a customer. In everyday speech it would be equivalent to expressions like 'can I help you?'

Another interesting pronoun used in this dialogue is **en** which will be discussed in more detail in the next dialogue. Here the sentence **en vull mig quilo** means 'I want half a kilo (of figs)'. So, **en** replaces the word 'figs'.

The use of res

After each item is passed on to the customer, the shopkeeper asks: **alguna cosa més?** (= anything else?), or simply: **què més?**, until the customer runs out of items and says: **res més** (= nothing else). We have heard **res** earlier combined with **de** in **de res** meaning 'for nothing' or 'don't mention it' as the usual response to **gràcies**. Here in **res més** it combines with **més** to mean 'nothing more' or 'nothing else', again a standard response to indicate that the order is complete.

The basic meaning of **res** is 'thing' but it has come to be used mainly in negative statements, for example: **no**, **no vull res** (= no, I don't want anything) and in **no res** which means exactly 'no thing'. In some expressions, however, **no** is implied, as in **res més** when pronounced as a reply, as in this dialogue. Pronounced as a question, however, **res més** means 'anything else?' We see, therefore, that the meaning of 'thing' is still preserved. Other examples are: **vols res?** (= do you want anything?); **li falta res més?** (= do you need/lack anything else?).

Exercise 2

Match the questions on the left to the answers on the right.

1	Qui és l'últim?	a	Posi'm mig quilo de sardines.
2	Alguna cosa més?	b	No en tinc, ho sento.
3	A quina botiga anem ara?	c	Perquè vull comprar croissants i una coca amb sucre.

4 Té enciam?	d Sóc jo.
5 Què li poso?	e Jo vull anar a la peixateria.
6 Per què vols anar a la pastisseria?	f Sí, també voldria tres quilos de patates.

Dialogue 3 🎧

Mireia goes into the grocer's, asks for her place in the queue and after a short wait is served.

MIREIA	Hola, bona tarda. Qui és l'últim?
HOME	Sóc jo.
MIREIA	Gràcies.
HOME	De res.
	. . .
DEPENDENT	Qui és ara?
MIREIA	Jo. Posi'm pernil.
DEPENDENT	Quant en vol?
MIREIA	Vuit talls.
DEPENDENT	Què més?
MIREIA	Que té formatge de cabra?
DEPENDENT	Sí, en tinc de Menorca i del Pirineu.
MIREIA	Quant val el de Menorca?
DEPENDENT	El de Menorca val quatre vuitanta i el del Pirineu val tres seixanta.
MIREIA	El de Menorca m'agrada més.
DEPENDENT	Quant en vol?
MIREIA	Posi-me'n quatre-cents grams.
DEPENDENT	Alguna cosa més?
MIREIA	No, gràcies.
DEPENDENT	Són nou euros del pernil i dos amb trenta del formatge; en total, onze trenta.
MIREIA	Tingui.
DEPENDENT	Moltes gràcies.
MIREIA	Passi-ho bé.
DEPENDENT	Adéu.

Vocabulary

el pernil	cured ham
el tall	slice

el formatge	cheese
la cabra	goat
quant val?	how much is it?
m'agrada	I like

Language points

Useful expressions

Quant val? is the standard way of asking the price of something. Note that the verb will have to change if it refers to more than one item: **quant val el paquet de cafè?** but **quant valen les ampolles de llet?** There are alternative ways of asking the price. For items that have a price that changes regularly, as is often the case in a market stall, it is frequent to hear **a quant va/van . . .?** (= how much is it/are they going for?). For example: **a quant va la sardina?**, **a quant van les pomes?**

El de . . . is a construction that cannot be translated literally in English. **El de Menorca/el del Pirineu** mean 'the one from Menorca/ the one from the Pyrenees'.

Passi-ho bé is a formal way of saying **adéu**. Note that unlike English speakers, who tend to say hello when passing people they know in the street, Catalan speakers will tend spontaneously to say goodbye (**adéu** or **passi-ho bé**, and not **hola**).

Weak pronouns 4: command forms with an indirect object pronoun

As you learnt in 'Weak pronouns 1', an /m/ sound immediately before or after the verb is the form corresponding to 'me' in English. Four possibilities (**m'**, **em**, **-me**, **'m**) were mentioned. In this dialogue we see **'m** used as an indirect object pronoun in the phrase **posi'm**, often used by a customer in shopping situations. This phrase corresponds to the formality of using the **vostè** form and indicates a polite request or command. Therefore, **posi'm pernil** means 'could I have <u>some</u> ham' (literally: 'serve ham to me', where we see that 'ham' is the direct object and 'to me' the indirect.

This short statement contains several grammatical points which may be listed:

1 **Posi** is a verb in the **vostè** command form.
2 In commands any pronouns are attached after the verb; **'m** is the object pronoun **me** in the form it takes when immediately preceded by a vowel.
3 There is no single word equivalent to 'some' in Catalan when asking for things like 'some ham' or 'some cheese'.

Weak pronouns 5: the use of en

As you have observed earlier, **hi** is used in Catalan as an economical device to refer to a *place* already mentioned. There is another weak pronoun – **en** – which works in a similar way. The difference is that **en** refers to *things* already mentioned, as we hear in the dialogue:

HOME   Posi'm pernil.
DEPENDENT   Quant en vol?
HOME   Vuit talls.

It contains the idea of 'of it' and does not translate easily into English. The question **quant en vol?** means 'How much do you want?' (literally: 'How much of it (the ham) do you want?').

In this dialogue we also hear how Mireia says: **posi-me'n quatre-cents grams**. **En** here follows **posi'm** to produce what in speech is clearly recognisable as /pòsimen/. This appears in the written language as **posi-me'n**. When two weak pronouns are in contact, if a change in the spelling is necessary, it is the second pronoun that changes form. Therefore, according to this spelling convention, **en** is reduced to **'n**.

Contrasting the direct and indirect objects

We have referred several times to indirect and direct objects, a distinction which is very useful in Catalan when you make your choice of pronouns. In the language point above we saw a sentence in which the distinction was clear: 'serve ham to me'. As explained earlier: the direct object has the action performed on it; the indirect object receives the benefit. Consider further examples involving pronouns. First with an indirect function in **em regala** (= he/she gives me (a present, for example)), and **m'agrada** (= (something) is pleasing to me); and second as a direct object: **em mira** (= he/she looks at me), **m'estima** (= he/she loves me).

Exercise 3

Decide if the underlined words in the sentences below are the direct or indirect object.

1 El Joan <u>et</u> compra <u>una càmera digital</u>.
2 La Maria compra <u>un cotxe</u> per <u>la seva mare</u>.
3 <u>Us</u> portarem a Valls en cotxe.
4 <u>M'</u>agrada la música nigeriana.
5 No <u>els</u> visito sovint.
6 L'Enric <u>em</u> regala <u>una tele</u>.
7 <u>Li</u> compro <u>una bicicleta</u>.

Contrasting que . . .? and què . . .?

As we have seen earlier, **Que ...?** is frequently used to introduce simple questions. Note the difference of pronunciation and meaning with **Què ...?** The contrast is clearly shown in the dialogue **Què més?** (= What else?) and **Que té formatge de cabra?** (= Do you have any goat's cheese?).

Exercise 4

Decide if **què** or **que** is used in the questions you can hear on the audio. Tick your answers in the column provided.

	Que	Què
1	___	___
2	___	___
3	___	___
4	___	___
5	___	___
6	___	___
7	___	___
8	___	___

Exercise 5

You are in a **xarcuteria** (delicatessen specialising in cold/cured meats and cheeses). Read this dialogue and decide which word each use of **en** refers back to:

CLIENT   Té pernil?

XARCUTER   No en (1) tinc. Vol xoriço? En (2) tinc de molt bo d'Andalusia. Que el vol provar (= *Would you like to taste it*)?

CLIENT   Posi-me'n (3). És molt bo, sí senyor. Molt bé, doncs, en vull (4) cent grams.

XARCUTER   I tinc botifarra. En (5) tinc de blanca i de negra.

CLIENT   Què és la botifarra?

XARCUTER   Vostè és anglès? Doncs, és una mica com el 'black pudding'. També és un producte de porc. En (6) venem (*from* **vendre** = to sell) molta. És una especialitat de la casa. Que en (7) vol? Al poble, els pares en (8) fan tots els anys abans de Nadal.

Exercise 6

Fill in the gaps with the missing words in the box. Use each option only once:

DEPENDENT   Qui és ara?

CLIENT   Jo. _____ preu tenen aquelles pomes vermelles?

DEPENDENT   Un amb cinquanta.

CLIENT   _____ dos quilos.

DEPENDENT   _____ més?

CLIENT   _____ té formatge d'Andorra?

DEPENDENT   Sí, Quant _____ vol?

CLIENT   Quatre-cents grams.

DEPENDENT   _____ cosa més?

CLIENT   No, _____, gràcies.

que	alguna	res més	quin	en
	posi-me'n		què	

Exercise 7 🎧

Write down what each person buys and the price paid in each of the conversations on the audio:

	Item	Cost
1	1 kg of pears	1,35€
2	_____	_____
3	_____	_____
4	_____	_____
5	_____	_____
6	_____	_____

Exercise 8

Your Catalan friend has given you a shopping list. You now go to the local **botiga de comestibles**. Here is your shopping list:

1	cafè	1 paquet
2	patates fregides	1 bossa
3	llet	1 ampolla
4	mandarines	1 kg
5	meló petit	1/2 kg
6	calamars	3/4 kg

DEPENDENT	Qui és ara?
YOU	Say: *It is my turn.*
DEPENDENT	Què li poso?
YOU	*Ask for items 1 and 2.*
DEPENDENT	Alguna cosa més?
YOU	*Ask for item 3.*
DEPENDENT	Alguna cosa més?
YOU	*Ask for items 4 and 5.*

DEPENDENT	Què més?
YOU	Say: *Yes and ask for item 6.*
DEPENDENT	Ho sento, no venem calamars. Vagi a la peixateria.
YOU	Ask: *Where is the fishmonger's?*
DEPENDENT	Sap on és l'Hotel Miramar?
YOU	Say: *Yes, at the end of the road on the left-hand side, near the square.*
DEPENDENT	Exactament. Vinga, fins aviat. Ai! . . . un moment, que li cobro.

Language builder

Quines botigues hi ha per aquí?	What shops are there around here?
On puc comprar postals i segells?	Where can I buy postcards and stamps?
A l'estanc.	At the tobacconist.
On és l'estanc més proper?	Where is the nearest tobacconist/stationer's?

la pastisseria	confectioner's (pâtisserie)
la peixateria	fishmonger's
la carnisseria	butcher's
la ferreteria	ironmonger's
l'estanc (m.)	tobacconist and stationer's

un litre	a litre
dos-cents grams	200 grams
un tros	a piece
una dotzena	a dozen
un parell	a couple

una ampolla	a bottle
un paquet	a packet
una bossa	a bag

11 Com els vol?
How do you like them?

In this unit you will learn about:

- Indicating preference
- Expressing likes, dislikes and opinions
- **Pa amb tomàquet** and **paella**
- The verb **agradar** 'to like'
- Expressing opinions with **semblar**
- Using **ja**
- The perfect tense

Dialogue 1

At the greengrocer's, Vicent is busy choosing very ripe tomatoes to make **pa amb tomàquet** (see below) *and greener tomatoes to make a salad with.*

DEPENDENT	Com vol els tomàquets?
VICENT	En té de molt madurs, per fer pa amb tomàquet?
DEPENDENT	Miri, aquests són molt madurs.
VICENT	I per amanir?
DEPENDENT	Com li agraden?
VICENT	M'agraden més aviat verds. Aquells grossos que hi ha al costat dels melons.
DEPENDENT	Tingui. Alguna cosa més?
VICENT	No, gràcies.

Vocabulary

el tomàquet	tomato
madur, -a	ripe
el pa	bread
miri	formal of **mira** ('look')
amanir	to dress, to season
més aviat	rather, sooner
aquell, -a	that one (over there)
gros, grossa	big, large
al costat de	next to
el meló	melon
passi-ho bé	goodbye

Culture notes

Pa amb tomàquet

In his guide to Barcelona, Miles Turner writes under the heading **pa amb tomàquet**: 'the essence of Catalonia: fishermen have it for breakfast, housewives eat it mid-morning returning from a bout of shopping in the *mercat* with a loaf of bread in hand, and a bag of ripe tomatoes bursting with juice and flavour. Tapas bars serve sophisticated versions of it topped with strips of anchovies, capers, artichoke hearts and translucent slivers of mountain ham'. (*Paupers' Barcelona*, London, 1992). Originally a way of recycling dried-up bread, it is a very simple recipe. The basic ingredients are French-style bread, ripe flavourful tomatoes, olive oil and salt (**oli d'oliva i sal**). The tomato is cut in half and rubbed against the bread, then oil and salt are added. As indicated in the quote, it is usually served with a variety of delicatessen-type foods.

Language points

Expressing likes and dislikes 1

1 **Agradar** is the verb most frequently used to express likes and dislikes. It does not correspond exactly to the English 'to like'; its essential meaning is 'to please'/'to be agreeable'.

2 Because **agradar** means 'to please', its form will vary according to whether what is liked is singular or plural:

> **M'agrada la paella** (= paella pleases me/I like paella).
> **M'agraden les roses** (= roses please me/I like roses).

This point is also illustrated in the dialogue. Consider the two sentences:

> **El (formatge) de Menorca m'agrada**
> (= Menorcan cheese pleases me/I like Menorcan cheese).
>
> **M'agraden (els tomàquets) verds**
> (= Green tomatoes please me/I like green tomatoes).

3 To express dislike, simply add **no** to the beginning of the statement. Examples: **no m'agrada la carn** (= I don't like meat); **no m'agraden les verdures** (= I don't like greens).

The use of en with de

A small point in relation to the use of **en** is illustrated in the first response of the customer when asked how she wants the tomatoes. She says: **en té de molt madurs, per fer pa amb tomàquet?** The element in the sentence already represented by **en** is preceded by **de**. Another example is when Vicent says **vull pernil i formatge** and the shop assistant responds: **quant en vol, de pernil?**

Exercise 1

Complete the sentences with either **m'agrada** or **m'agraden**:

1 Els melons de València _____ molt.
2 Sóc artista, _____ l'art modern. Dalí i Picasso _____ molt.
3 El pernil _____, però sóc vegetarià.
4 Generalment el cinema americà no _____, però hi ha directors americans que _____.
5 Formatge de França o de Sicília? _____ més el de Sicília.
6 Els vol verds o més aviat madurs? – Doncs els vull per amanir, i _____ més els verds.
7 _____ els programes d'humor de la televisió, però no _____ l'humor satíric.

Dialogue 2 🎧

Mireia goes to shop at Teresa's, her local fishmonger.

- **Underline one word in each line that you hear in the dialogue:**
  1 la paella, els tomàquets, els musclos
  2 les gambes, els pebrots, l'all
  3 l'arròs, el peix, la carn
  4 la sípia, les cebes, el julivert

MIREIA	Teresa, a quant van els musclos?
TERESA	A dos vint.
MIREIA	I les gambes?
TERESA	Ho sento, però ja no en tinc, de gambes. Avui véns una mica tard.
MIREIA	Què tens per posar a l'arròs?
TERESA	Què et sembla aquesta sípia, és molt fresca i està molt bé de preu.
MIREIA	A quant va?
TERESA	Per les bones clientes com tu, a dos cinquanta.
MIREIA	Ja està, doncs. Posa'm mig quilo de musclos i mig de sípia.
TERESA	Per què no fas paella?
MIREIA	Ai, sí, em sembla bona idea.

Vocabulary

el musclo	mussel
la gamba	prawn
l'arròs (m.)	rice
la sípia	cuttlefish
fresc, -a	fresh
bé de preu	reasonably priced
el preu	price
el client, la clienta	client, customer
la idea	idea

Culture note

Valencian paella

If **pa amb tomàquet** has been referred to as 'the essence of Catalonia', the same writer might have called rice 'the essence of Valencia'. However, rice is an essential component of the gastronomic map of all the Catalan-speaking areas, and not just Valencia. The best-known dish is **paella**. In Catalan **la paella** also means a frying pan. In Valencia the large shallow pan in which paella is cooked is known as **el paelló**. Originally, paella was a creative way of making good use of any ingredients available. In part, this explains why there are so many variations. The originality and success of the dish stem from the way the rice is cooked: the rice is added to the other ingredients in the pan and then the boiling water is added and the rice is cooked so that it absorbs the flavour of all the ingredients in the pan.

As a regular customer (**bona clienta**), Mireia is on first name terms with Teresa. This explains the use of **tu**, and is reflected in the verb endings (e.g. **posa'm** instead of **posi'm**).

Language points

The uses of ja

Ja has as its basic meaning 'already', for example in: **ja parlo una mica de català** (= I already speak a little bit of Catalan). In a negative sentence it tends to mean 'no longer', 'not any more', as in this dialogue: **però ja no en tinc, de gambes** (= but I no longer have any prawns). However, it is often heard in a variety of expressions where a literal translation of **ja** would be difficult, for example in **ja està, doncs** in this dialogue. **Doncs** maintains its usual meaning of 'well, then', and **ja està**, which normally means 'it is ready', could be translated by 'that's it', 'that's all I wanted'.

Expressing opinions with semblar 1

In earlier dialogues we have heard **em sembla**, with the two meanings 'I think' and 'it seems to me'. You have heard two further examples in this dialogue. **Semblar** works like **agradar**; consider the following sentences:

1 **Què et sembla aquesta sípia?** = literally, 'How does this cuttle-fish seem to you?' but in everyday English we would say 'What do you think of this cuttlefish?'

2 **Em sembla bona idea** = literally, 'It seems a good idea to me' or 'I think it's a good idea'.

In such 'back-to-front' verbs 'the thing' determines the ending of the verb and not the person. Consider:

3 **Què et semblen aquests musclos?** (= How do these mussels seem to you?/What do you think of these mussels?)

You might have noticed a difference between **semblar** and **agradar**. **Semblar** is preceded by **em** and **agradar** by **m'**. This is because, as indicated earlier, the pronoun **em** (= 'to me', the indirect object pronoun) when followed by a consonant remains in the form **em** but changes to **m'** when followed by a vowel. The same happens with the second person pronoun **et**: **t'agrada** and **et sembla**. Notice also the pronunciation of **què et** in **què et sembla** and **què et semblen**, which is pronounced /ket/ according to the 'running together of vowel sounds in contact'. In writing, **què**, like **que**, is never shortened.

Exercise 2

Now exchange opinions about the food you have just eaten with your friend Frederic:

FREDERIC   Què et sembla aquest arròs?
YOU   Say: *I like it*. Ask: *What do you think of the mussels?*
FREDERIC   Molt bons, m'agraden molt.
YOU   Ask: *What do you think of the cuttlefish?*
FREDERIC   Excel·lent, és molt fresca.
YOU   Say: *I like this restaurant*. Ask: *What do you think of the restaurant?*
FREDERIC   M'agrada. M'agrada molt. Però és una mica car. A tu què et sembla?

YOU	Say: *It does not seem expensive to me. It is reasonably priced and it is very good.*
FREDERIC	I l'ambient t'agrada?
YOU	Say: *Yes, I like it a lot.*

Dialogue 3 🎧

In this extended dialogue, four friends from Sitges, Andreu, Montse, Raisha and Blai, discuss going to the cinema in Barcelona.

- **Answer the following comprehension questions:**

    1 **How many screens does the new cinema have?**
    2 **What does Blai think of this type of place?**
    3 **What is Blai's final decision about going to the cinema?**
    4 **What do the friends think of Blai?**
    5 **What kind of film have they seen?**
    6 **What does Andreu think of the film?**
    7 **Where is the director of the film from?**
    8 **Why is Blai in the bar?**
    9 **What do Montse and Raisha do in the end? Why?**

ANDREU	Què voleu fer aquest vespre? Passem el vespre a Sitges o anem a Barcelona?
MONTSE	Què us sembla si anem al cinema a Barcelona?
RAISHA	A mi em sembla bé. <u>Han obert</u> un multisales prop de l'autopista. Em sembla que té divuit o vint sales.
ANDREU	A mi també. <u>M'han dit</u> que és força agradable i que hi ha un bon ambient.
MONTSE	Al Blai no li sembla bé, oi que no?
BLAI	A mi tant me fa, però és que no m'agraden aquests espais tan moderns i grans, no són gens acollidors, són molt comercials. A més a més, penso que és més important saber quines pel·lícules fan, no us sembla?
RAISHA	En fan divuit o vint. Sempre en fan una o dues de bones.
BLAI	A mi m'és igual. Peró només fan pel·lícules comercials i les trobo més aviat avorrides. És que avui ha estat un dia difícil ... ha estat un dia traumàtic, amb molts problemes a la feina. Estic molt cansat, molt cansat. Jo prefereixo passar el vespre a casa tranquil·lament i veure què fan a la tele.

Later Andreu, Montse and Raisha discuss the film:

MONTSE	Andreu, a tu què <u>t'ha semblat</u> la pel·lícula?
ANDREU	Molt divertida, a mi <u>m'ha agradat</u> força, i penso que demostra que les pel·lícules comercials també poden ser intel·ligents.
RAISHA	És americana o anglesa?
MONTSE	Em sembla que americana. És un d'aquests directors joves americans que treballen sempre a Nova York. Però, també pot ser anglès perquè hi ha molts directors anglesos que treballen als Estats Units. ...
MONTSE	Que avorrit que és el Blai! No vol sortir mai.
RAISHA	Quina llàstima! La pel·lícula és una mica llarga però és interessantíssima. M'agrada molt el cinema d'aventures quan està ben fet.
ANDREU	És precisament el tipus de pel·lícula que li agrada molt a ell.
ANDREU	Mireu, oi que és el Blai aquell xicot que hi ha a la terrassa del bar?
MONTSE	Em sembla que sí, sí que ho és. Però que no <u>ha dit</u>: 'És que avui <u>ha estat</u> un dia difícil ... <u>ha estat</u> un dia traumàtic, amb molts problemes a la feina. Estic molt cansat, molt cansat?' Anem a parlar amb ell?
ANDREU	A mi no em fa res, però no sembla gaire content. Què li passa?

Finally, the three cinemagoers speak to Blai:

ANDREU	Blai, què hi fas aquí?
BLAI	Prefereixo no donar explicacions. Voleu prendre alguna cosa?
ANDREU	Què voleu fer?
MONTSE	Home, jo prefereixo anar cap a casa. Tu què vols fer, Raisha?
RAISHA	Jo també prefereixo anar cap a casa. Em sembla que és una mica tard.

Vocabulary

multisales	multiplex
l'ambient (m.)	atmosphere

l'espai (m.)	space
no . . . gens	not at all
acollidor, -a	welcoming
a més a més	also, besides
pensar	to think, to hold an opinion
avorrit, -ida	boring
no . . . mai	not . . . ever, never
cansat, -da	tired
prefereixo	I prefer (from **preferir** = to prefer)
treballar	to work
divertit, -da	funny, entertaining
quina llàstima!	what a pity
l'aventura (f.)	adventure
el tipus	type
oi que . . . ?	isn't this . . . ? is this . . . ? etc.
el xicot	young man
la terrassa	terrace, outside the bar
em sembla que sí	I think so
no . . . gaire	(not) . . . very
donar	to give
l'explicació (f.)	explanation
cap a	towards

Language points

Useful expressions

This dialogue, dealing with opinions, impressions, etc., contains a large number of adjectives (**agradable**, **modern**, **acollidors**, etc.) and various ways of qualifying them like **no . . . gens** and **més aviat**.

Exclamations are another device used here by the four friends to express their feelings. Note that if the exclamation contains a noun it is preceded by **quin/quina . . .!** as in **quina llàstima!** (= what a pity!). Another example: **quin concert!** (= what a concert!). However, if an adjective is involved it is preceded by **que . . .!** As in: **que avorrit que és en Blai!** (= how boring Blai is!) Another example: **que interessant!** (= how interesting!)

Notice here two more expressions to indicate indifference: **a mi tant me fa** and **a mi m'és igual,** both mean 'it doesn't matter to me', 'I don't mind', 'it's all the same to me'. In both cases **a mi** is used for greater emphasis. They are frequently heard as simply **tant me fa**, **m'és igual**, or even **és igual**, which, like **tant és**, you have already heard.

The perfect tense 1

The speakers in this dialogue introduce us to a new tense, which is underlined in the text. Like its English counterpart, the perfect tense in Catalan is formed using the present tense of the verb 'to have' with the past participle of the verb:

Auxiliary **haver**	*Past participle:* **-ar** *verbs*	
he	**parlat**	I have spoken
has	**parlat**	you have spoken
ha	**parlat**	he/she has spoken
hem	**parlat**	we have spoken
heu	**parlat**	you have spoken
han	**parlat**	they have spoken

Past participles end in **-t**. Most end in **-at** (**-ar** verbs), **-ut** (**-re/-er** verbs), **-it** (**-ir** verbs). There are a few irregular ones, such as **obert** (from **obrir**), which you are already familiar with from shop opening times.

There are many similarities between the use of the English and the Catalan perfect tense. However, there is one important difference: in Catalan, when referring to events that happened *today*, the perfect tense is always used. This is explored in more detail in Unit 14. Consider the perfect tense forms that are heard in Dialogue 3:

han obert un multisales
(= they've opened a multiplex/a multiplex has been opened).

m'han dit
(= they have told me/someone told me).

a tu què t'ha semblat la pel·lícula?
(= what did you think of the film?)

a mi m'ha agradat força
(= I have liked it very much/I liked it very much).

ha estat un dia difícil ...
(= it has been a hard day).

ha dit
(= he said/he has said).

Expressing opinions with semblar *2*

An opinion can be expressed in a variety of ways. **Semblar** is used in a wide range of statements, several of which are heard in the dialogue. At one point, Blai uses one of the alternatives: the verb **pensar** (= to think). The advantage of **pensar** is that it is easy to use because it works very much like its English counterpart, although it is usually followed by **que** (= that): **penso que és una situació política molt difícil**; the disadvantage is that it has a more limited use than **semblar**, which can also be used in this way followed by **que**: **em sembla que és una situació política molt difícil. Pensar** tends to be used in more formal situations to express opinions or ideas held.

Semblar is very flexible because it combines easily with other elements to express meaning. The Language builder contains a fuller range of expressions using **semblar** and **agradar**. First, consider these examples using **semblar**.

1 With adverbs and adjectives

em sembla bé
= it seems fine to me → I think it's fine

et sembla fàcil?
= does it seem easy to you? → do you think it's easy?

li sembla interessant
= he/she finds it interesting

You may have noticed that the adverb **bé** (= well) becomes **ben** when it precedes an adjective or past participle. In the dialogue we come across **ben fet** (= well made). Another example: **la pel·lícula està ben dirigida** (= the film is well directed). The opposite is **mal**: **mal fet**, **mal dirigida**. Other commonly used adverbs are included in the Language builder: **força** and **molt** for positive statements and **no ... gens**, **no ... gaire** for negative ones.

2 With question tags

Note also how in the dialogue the statement **al Blai no li sembla bé** (= Blai doesn't agree) is reinforced with the question tag **oi que no?** (= does he?). In **mireu, oi que és en Blai?** (= look, isn't that Blai?) we hear an example of how **oi que ...?** is used at the beginning of a sentence; this is a device used in rhetorical questions. The uses of **oi** and **oi que** will be discussed in more detail in Units 13 and 15.

3 With pronouns

It is quite common for the person involved to be mentioned twice for emphasis, either with a strong pronoun as in: **a mi em sembla bé** (= it seems fine to me), or with the name of the person: **al Blai no li sembla bé** (= Blai doesn't agree/think it is a good idea).

Note that the first pronoun or the name of the person is preceded by **a** (**al/a la**).

In order to be confident in making sentences with **semblar**, you need to be familiar with the appropriate indirect object pronouns.

The table below shows in bold the 'weak' or unstressed pronouns which always accompany **semblar** and the stressed pronouns preceded by **a** which are only used for additional emphasis:

Pronouns used with 'semblar'

(a mi)	**em**	sembla	it seems *to me*
(a tu)	**et**	sembla	it seems *to you*
(a ell/ella)	**li**	sembla	it seems *to him/her*
(a vostè)	**li**	sembla	it seems *to you* (formal)
(a nosaltres)	**ens**	sembla	it seems *to us*
(a vosaltres)	**us**	sembla	it seems *to you*
(a ells/elles)	**els**	sembla	it seems *to them*
(a vostè)	**els**	sembla	it seems *to you* (formal)

Exercise 3

Complete the sentences by matching the words on the left with the words on the right.

1	Has dormit	a	fruita.
2	M'ha agradat	b	un dia difícil.
3	Heu anat	c	un multisales.
4	Hem parlat	d	la farmàcia. Ja no és oberta.
5	M'han dit	e	en anglès.
6	Han tancat	f	bé?
7	Ha estat	g	al cinema? Fan una pel·lícula molt bona.
8	Han obert	h	que és força agradable.
9	He comprat	i	força.

Exercise 4

Listen to Blai's answers in response to questions about his likes and dislikes and complete the table below:

Li agrada/agraden:
No li agrada/agraden:

	gens ni gens mica		gaire	força	molt	molt- íssim
1 museu Dalí	_____	_____	_____	_____	_____	_____
2 les pintures de Miró	_____	_____	_____	_____	_____	_____
3 la Sagrada Família	_____	_____	_____	_____	_____	_____
4 la música de Maria del Mar Bonet	_____	_____	_____	_____	_____	_____
5 Gerard Quintana	_____	_____	_____	_____	_____	_____
6 les danses tradicionals	_____	_____	_____	_____	_____	_____
7 els mercats de Barcelona	_____	_____	_____	_____	_____	_____
8 la muntanya	_____	_____	_____	_____	_____	_____
9 el mar	_____	_____	_____	_____	_____	_____

Exercise 5

Which statement from column B is more likely to express the oppo-
site opinion to the statements in column A?

	A		*B*
1	M'agrada força.	a	No, no m'ho sembla gens. És difícil.
2	A mi em sembla molt bé.	b	Doncs, a mi em sembla molt avorrit.
3	M'agrada moltíssim.	c	No m'agrada gaire.
4	Li sembla molt ben feta.	d	A mi em sembla que són més aviat dolents.
5	Li sembla força important.	e	Doncs, a mi molt malament.
6	Et sembla molt fàcil?	f	No m'agrada gens ni mica.
7	Que interessant!	g	A mi no em sembla gaire rellevant.
8	Són fantàstics, oi que sí?	h	Li sembla molt mal feta.

Exercise 6

Fill in the gaps appropriately:

1   A mi _____ sembla sofisticat i simpàtic.
2   A tu _____ sembla superficial el programa?
3   A en Mateu no _____ sembla possible.
4   A vostè _____ sembla agradable aquest parc?
5   _____ tu et sembla fàcil?
6   A _____ em sembla bé.
7   A nosaltres _____ sembla fantàstic tot el que ella fa.
8   A vosaltres _____ sembla que les autopistes són ecològiques?

Exercise 7

Translate into Catalan:

It's been a difficult day. Andreu, Montse and Raisha have gone to the cinema in Barcelona, but I don't like commercial films. I think they're quite boring, no ... they're extremely boring. And Raisha always says: 'How boring you are Blai', but I don't care. I think it's all right if I don't do everything they want. But they don't like it one little bit. I have gone to the bar with Tere but it didn't go very well. What can I do? I think it's OK now. I have spoken with Andreu.

Language builder: expressing degrees of feeling and opinions

Extent to which an opinion is held

Em sembla que sí.	I think so.
Em sembla que no.	I don't think so.
Em sembla que ...	I think that ...
Em sembla bé.	I think it's OK.
<u>A mi</u> em sembla bé.	<u>I</u> think it's OK.
Et sembla <u>molt</u> fàcil?	Don't you think it's <u>very</u> easy?
<u>Al</u> Blai no li sembla <u>gaire</u> bé.	Blai doesn't think it's <u>very</u> good.
<u>No</u> li sembla <u>gens</u> interessant.	He/she doesn't think it's <u>at all</u> interesting.

No li sembla interessant.	He/she doesn't think it's interesting.
No li sembla gaire interessant.	He/she doesn't think it's <u>very</u> interesting.
Li sembla interessant.	He/she thinks it's interesting.
Li sembla força interessant.	He/she thinks it's <u>rather</u> interesting.
Li sembla molt interessant.	He/she thinks it's <u>very</u> interesting.
Li sembla interessantíssim.	He/she thinks it's <u>extremely</u> interesting.

Degrees of liking

No m'agrada gens ni mica.	I don't like it one little bit.
No m'agrada gens.	I don't like it at all.
No m'agrada.	I don't like it.
No m'agrada gaire.	I don't like it much.
M'agrada.	I like it.
M'agrada força.	I like it quite a lot.
M'agrada molt.	I like it a lot.
M'agrada moltíssim.	I like it very much.

12 Al restaurant Planelles

At Planelles' restaurant

In this unit you will learn about:

- Ordering a meal
- Describing things
- Eating habits
- Adjective endings
- Diminutives
- Verbs like **prendre**
- The preterite tense

Dialogue 1

Jane asks her Catalan friend Enric about eating times.

1 **What does Enric have to drink first thing in the morning?**
2 **Between what times do most people eat their evening meal, according to Enric?**
3 **What question does Enric ask Jane?**

JANE   Escolta, Enric, tu a quina hora esmorzes?

ENRIC   Em sembla que l'hora d'esmorzar varia molt segons els costums personals, però és típic de la gent d'aquí esmorzar poc. Jo a casa només prenc un cafè amb llet, però cap allà a les deu vaig al bar i faig un entrepà, un tallat i una cerveseta.

JANE   I el dinar i el sopar?

ENRIC	El dinar és entre les dues i les tres, i fins i tot més tard, i, en general, el sopar és entre les nou i les onze o les dotze.
JANE	Què és el berenar?
ENRIC	El berenar és un àpat lleuger, és al voltant de les sis de la tarda. Poques persones grans berenen. Sobretot berenen els nens. Em sembla que els grans fan el berenar més aviat com a excusa per sortir amb els amics a prendre alguna cosa. Per exemple, a Barcelona hi ha gent que va a una granja a prendre, no sé ... potser, xocolata amb xurros, o un cafè amb una pasta o una orxata. T'agrada l'orxata? Són molt diferents les hores de menjar al teu país?

Vocabulary

segons	according to
variar	to vary
el costum	habit, custom
típic, -a	typical, traditional
la gent	people
poc	little (the opposite of **molt**)
l'entrepà	sandwich (m.)
fins i tot	even
l'àpat (m.)	meal
lleuger, -a	light
tothom	everybody
sobretot	above all
el nen	child
els grans	grown ups
la granja	milk bar
el país	country

Culture note

El berenar

The words for meals (**l'esmorzar**, **el dinar**, **el berenar i el sopar**) have appeared earlier. Here Enric talks about meal times. **El berenar** is a mid-afternoon snack mainly for children but also used by adults as an excuse to socialise and share a drink. One traditional snack and a refreshing drink are introduced: **xurros** (= long, thin sweet fritters) and **orxata** (= cold tiger nut milk). A **granja** can be a very atmospheric place. **Granja** literally means 'farm', and it is the name given in Barcelona to a café where traditional drinks and pâtisserie are on offer.

Language points

Useful expressions

Cap allà a and **al voltant de** both mean 'at about' in relation to time. In contrast to **a les deu en punt** (= at ten o'clock precisely), these phrases often mean a little later than the time stated. For example: **la festa comença cap allà a les deu** (= the party begins at about ten, but nobody is expected until 10.30 or 11.00).

Diminutives

In **cerveseta** we hear a word we are acquainted with already (**cervesa**) and notice its different ending. In this case the feminine diminutive suffix **-eta** (**-et** for masculine nouns) is used by Enric to play down his habit of drinking 'just a little beer' around ten o'clock in the morning. Native speakers can be very creative with such endings. It takes time for a non-native speaker to get them right, but it is useful to be able to recognise them. A masculine example with this ending would be **entrepanet** or 'little sandwich'. Sometimes the ending is more unpredictable, as in **cafetó** (a little coffee) and **cafetonet** (a tiny coffee). In reality, though, the amount of coffee consumed may not change.

Verbs like prendre

The distinctive sounding **prenc**, in the phrase **prenc un cafè**, is the first person singular of **prendre** (as indicated earlier, the first 'r' is not pronounced in the infinitive). This verb is part of a small sub-group of the second conjugation verbs that have the same endings (others are **aprendre** 'to learn' and **vendre** 'to sell'). The full conjugation is: **prenc, prens, pren, prenem, preneu, prenen**.

Exercise 1

Fill in the appropriate form of the verbs in brackets:

Jo sempre _____ (1 *esmorzar*) a les sis del matí en punt i _____ (2 *menjar*) un entrepanet de truita i un croissant. Sempre _____ (3 *anar*) a dinar amb el meu germà. Tots dos _____ (4 *menjar*) molt i _____ (5 *passar*) dues hores al restaurant. El meu germà _____ (6 *viure*) molt a prop del restaurant. Cap allà a les set jo _____ (7 *sortir*) de la feina i vaig a fer una tapeta abans de tornar a casa. Al voltant de les nou _____ (8 *sopar*) i després _____ (9 'I like') sortir un parell d'horetes amb els amics, sobretot el dissabte. _____ (10 'I think' use *semblar*) que és important viure una mica.

Exercise 2

Can you spot the three diminutives used in Exercise 1? They come from words you already know. Which ones?

Dialogue 2 🎧

Three friends, Carles, Helena and Enric, are eating together at Planelles' restaurant.

Activity 1
Listen to the dialogue and decide in which order these words and phrases are heard:

Jo també _____
I per beure? _____
I de segon? _____
És una especialitat de la casa _____
De primer, escudella _____

Passeig Prim, 8, 43202, Reus.
Tel. 977 331677

MENÚ DEL DIA

Entrants:

Amanida verda

Escarola amb romesco

Suc de taronja

Primer plat:

Escudella

Truita de patates

Paella marinera

Segon plat:

Calamars a la romana

Lluç a la planxa

Conill amb allioli

Bistec de vedella

Pa, postres, aigua i vi

16 Euros

(IVA inclòs)

Activity 2
Use Planelles' menu to help you to identify what each person has chosen.

	Entrant	*Primer*	*Segon*
Carles	_____	_____	_____
Helena	_____	_____	_____
Enric	_____	_____	_____

Vocabulary

el plat	plate, dish, course
els entrants	starters
l'amanida (f.)	salad
l'escarola (f.)	broad-leaved endive
el plat	course, dish, plate
l'escudella (f.)	Catalan stew
la truita	omelette
la paella marinera	seafood paella
a la romana	in batter
el lluç	hake
a la planxa	cooked on a hotplate
el conill	rabbit
l'allioli (m.)	garlic and oil paste
el bistec	beefsteak
la vedella	veal
les postres	dessert
IVA	VAT
inclòs, -osa	included

CAMBRER	Ja saben què volen?
ENRIC	Sí, vinga, comença tu, Carles.
CARLES	A veure, què recomana?
CAMBRER	El romesco és una especialitat de la casa.
CARLES	Doncs, jo una escarola amb romesco.
ENRIC	I tu, Helena?
HELENA	Jo també, i tu, Enric?
ENRIC	Jo vull un suc de taronja ... I de primer, Carles, què vols?
CARLES	Doncs ... de primer, escudella.
ENRIC	I, tu, Helena?

HELENA	Jo, paella marinera. I tu, Enric?
ENRIC	Per mi truita de patates . . . I de segon, què et sembla, Carles?
CARLES	Doncs . . . de segon, conill amb allioli.
ENRIC	I, tu, Helena?
HELENA	Jo, el lluç a la planxa. I tu, Enric?
ENRIC	Per mi, calamars a la romana.
CAMBRER	Molt bé. I per beure, què volen, ja han decidit?
HELENA	Porti vi negre de la casa i aigua mineral sense gas.

Vocabulary

començar	to start
recomanar	to recommend
l'especialitat (f.)	speciality
decidir	to decide
portar	to bring

Culture note

Catalan cuisine

This menu illustrates the type and variety of dishes usually on offer in restaurants. Traditional cuisine incorporates **mar i muntanya** (= sea and mountain) products: meats, sausages and game from inland blended with seafood and fish from the coast, combined with fresh vegetables and salads.

As well as wine, it is normal to have on the table a bottle of mineral water, either still (**sense gas**) or sparkling (**amb gas**). It may be useful to learn what to say when going into a room where there are people eating: **bon profit!** (= enjoy your meal), and if appropriate, the response **igualment** (= you too).

Romesco is one of several celebrated Catalan sauces (= **salsa**). The ingredients vary, but a typical recipe includes dried red peppers, tomatoes, garlic and almonds. Another sauce is **allioli** (often a kind of garlic mayonnaise but strictly speaking just oil and garlic). As you know, **all** means garlic and **oli** means oil. This garnish is also well known in the French *ailloli*, one of many indications of the close cultural past shared by Catalonia and southern France.

Exercise 3 🎧

Listen now to the waiter passing on the order to the cook Manolo and the barman Cisco. Does he make any mistakes?

Exercise 4

Now take part in the following conversation with the waiter at **Planelles' restaurant**.

CAMBRER	Ja sap què vol?
YOU	Ask: *Have you got fish and chips?*
CAMBRER	Perdoni però no l'entenc. Això és un restaurant. Vol el menú o la carta?
YOU	Say: *I would like the menu of the day. What do you recommend?*
CAMBRER	El romesco és una especialitat de la casa.
YOU	Ask: *What is romesco?*
CAMBRER	És una salsa típica, especialitat de la casa.
YOU	Ask: *Have you got ketchup?*
CAMBRER	Perdoni, però no l'entenc.
YOU	Say: *A green salad.*
CAMBRER	I de primer?
YOU	Say: *For the first course, paella. And for the main course, steak.*
CAMBRER	I per beure?
YOU	Say: *A bottle of red wine.*

Dialogue 3 🎧

Sr. Sugranyes, a regular client, is asked to give his opinion on the menu and the proprietors of Planelles' restaurant.

* **Consider how adjectives are used in descriptions, by answering the following questions:**

  1 Give two reasons why Sr. Sugranyes likes this restaurant.
  2 What words does he use to describe the wine?
  3 What words does he use to describe the proprietress?

ENTREVISTADORA Sr. Sugranyes, vostè ve al Planelles sovint, què opina del restaurant i del menú?

SR. SUGRANYES	A mi m'agrada perquè tenen plats tradicionals i les quantitats són generoses. Em sembla que la cuina catalana tradicional és molt saludable. L'únic plat que no m'agrada és l'amanida verda perquè la trobo avorrida. Però el romesco que fan aquí és excel·lent, els macarrons són gustosos, el lluç sempre és molt fresc, la botifarra és casolana, el bistec el fan més aviat cru, com a mi m'agrada i el vi de la casa és un vi agradable i refrescant. La propietària, la Maria, és molt simpàtica i educada. El Pere, el propietàri, és més seriós, però també és molt educat i simpàtic.
ENTREVISTADORA	I què li sembla la clientela?
SR. SUGRANYES	Home, generalment és gent molt maca, però hi ha alguns clients originals, i demanen unes coses! Ahir un estranger va demanar quetxup! Però va menjar el menú del dia i em sembla que li va agradar.

Vocabulary

l'entrevistador, -a (m./f.)	interviewer
opinar	to think, to express an opinion
la quantitat	quantity
generós, -osa	generous
la cuina	cuisine, kitchen
saludable	healthy
únic, -a	the only
gustós, -osa	tasty
la botifarra	cooked pork sausage
casolà, -ana	home-made
cru, -a	raw
agradable	pleasant
refrescant	refreshing
propietari, -ària	proprietor
simpàtic, -a	nice, fun to be with
educat, -ada	polite
seriós, -osa	serious
la clientela	clientele
ahir	yesterday
l'estranger (m.)	foreigner
va demanar	he asked for

el quetxup	ketchup
va menjar	he ate
li va agradar	he liked it

Language points

Adjectives 3: ending patterns

The majority of adjectives follow the normal pattern with four endings that we have seen with **molt**. In case of doubt you can identify an adjective in a dictionary because it is usually followed by the abbreviation *adj*. Consider: **Il·legal** *adj. Illegal.*

Singular		*Plural*	
Masculine	*Feminine*	*Masculine*	*Feminine*
	-a	**-s**	**-es**
molt	**molta**	**molts**	**moltes**
verd	**verda**	**verds**	**verdes**
simpàtic	**simpàtica**	**simpàtics**	**simpàtiques**

In the spoken language the pattern is quite straightforward. In writing there are a few spelling changes. Remember, for example, how there is a spelling change between **molta** and **moltes** (**a** to **e**), but no sound change except for the additional /s/ sound. Similarly, there is no change in sound between **simpàtica** and **simpàtiques**.

1 Adjectives with a different ending for the feminine:

	Singular		*Plural*	
	Masculine	*Feminine*	*Masculine*	*Feminine*
c → g	**groc**	**groga**	**grocs**	**grogues**
u → v	**blau**	**blava**	**blaus**	**blaves**
t → d	**educat**	**educada**	**educats**	**educades**

2 Adjectives ending in a stressed vowel add an **n** to form the feminine and plural forms:

Singular		*Plural*	
Masculine	*Feminine*	*Masculine*	*Feminine*
americà	**americana**	**americans**	**americanes**
bo	**bona**	**bons**	**bones**

3 There are adjectives that have a different masculine plural ending. As with nouns, there are some adjectives that take the ending **-os**:

Singular		Plural	
Masculine	*Feminine*	*Masculine*	*Feminine*
irlandès	**irlandesa**	**irlandesos**	**irlandeses**
anglès	**anglesa**	**anglesos**	**angleses**
generós	**generosa**	**generosos**	**generoses**
dolç	**dolça**	**dolços**	**dolçes**

In this group, **dolç** means 'sweet'. Note the pronunciation of **-os** on the audio.

4 Some adjectives are the same in the masculine and feminine, and consequently only have two forms: singular and plural. Most adjectives with the following endings are of this type:

Ending	Singular *Masc./fem.*	Plural *Masc./fem.*
-al	**original**	**originals**
-able	**amable**	**amables**
-ant	**interessant**	**interessants**
-ent	**intel·ligent**	**intel·ligents**
-e	**jove**	**joves**

Jove means 'young' and, as is the case with many other adjectives, it can also be used as a noun: **els joves** (= young people).

In writing there are quite a few exceptions to the **-e** ending group, for example in the dialogue we have heard **negre** which has the feminine **negra**, but in speech they are pronounced the same.

Position of the adjective

Adjectives usually come after the noun they describe, as in **la cuina tradicional**, even if they are linked by the verb **ser**, as is often the case when describing things: **la cuina és tradicional**. However, remember that we have already heard cases of adjectives that come before the noun. Note especially that numerals, demonstratives (**aquest** etc.), possessives (**meu** etc.), interrogatives (**quins**, **quantes**, etc.), quantifiers (**molt**, **poc**, etc.) tend to precede the noun: **el primer pis**, **aquesta fruita**, **el meu germà**, etc.

The preterite tense 1: what happened yesterday

At the end of this dialogue Sr. Sugranyes introduces us to the way of talking about things that happened before *today*. This is in fact a very easy tense to use and to form, by placing **vaig**, **vas**, **va**, etc. before any infinitive. All that changes, and so all you have to learn, are the parts of this special auxiliary verb:

The preterite tense

vaig
vas
va
vam   + infinitive
vau
van

Consider:

Va demanar el menú del dia
(= he asked for the set menu).

Em va agradar   (= I liked it).
Vaig menjar molt   (= I ate a lot).

Exercise 5

Looking at Dialogue 3, first identify the adjectives. Then write them in two columns, one with the adjectives that belong to the group with four endings and one with those belonging to the group with two endings.

Exercise 6

Form sentences with each of the items in column 1, the appropriate form of the verb from column 2 and the corresponding adjective with the appropriate ending from column 3.

1	*2*	*3*
1 El restaurant Planelles		1 excel·lent
2 La cuina tradicional		2 saludable
3 Les postres	és	3 dolç
4 Les olives		4 bo
5 El pa amb tomàquet		5 bo
6 Els calamars		6 gustós
7 Els turistes	són	7 anglès
8 La Marilyn		8 americà
9 El vi		9 negre
10 Els plats		10 original

Text 1

Now read this text describing shops in Barcelona before completing Exercises 8 and 9.

Les botigues de Barcelona

Les botigues són una de les atraccions principals de Barcelona. Com diu el proverbi: 'Barcelona és bona quan la bossa sona'. Les botigues de moda més cares i exclusives són al passeig de Gràcia, al centre de la ciutat. Aquí hi ha els grans dissenyadors internacionals com Armani o Calvin Klein, i també els locals com Armand Basi o Antonio Miró. Les millors botigues de roba per gent jove són al Portal de l'Àngel. A Ciutat Vella és on hi ha botigues més interessants, però sovint no és fàcil trobar-les, i cal caminar molt. En aquest barri els dissabtes hi ha mercats alternatius amb ofertes especials de roba: d'importació, ètnica, de fabricació artesanal, *retro-hip*, *retro-chic*, *cyber-punk*, etc. Són botigues ideals per gent amb criteris clars i ben definits.

Per un altre tipus de gent hi ha els centres comercials. El més famós i clàssic de tots és El Corte Inglés, a la plaça Catalunya, però el més sofisticat és l'Illa Diagonal, al final de la Diagonal. Si vol un ambient selecte i exclusiu vagi a les botigues de la part central de la Diagonal, aquí no hi ha sorpreses, anar-hi a comprar és una experiència agradable i tranquil·la. Els mercats també venen roba, és barata però generalment és poc *cool* i sovint la qualitat no és gens bona.

Pels amants de la roba i els objectes de segona mà, hi ha els Encants, al costat de la plaça de les Glòries, concretament al carrer Dos de Maig. Passejar-hi és un plaer, perquè s'hi poden trobar coses exòtiques i fascinants: objectes diversos de tota mena, roba i fins i tot mobles. Sí, és una visita força interessant i recomanable, però no hi vagi els dissabtes, perquè hi ha molta gent.

Vocabulary

la bossa	bag, purse
sonar	to sound
quan la bossa sona	when the purse jingles (with coins)
	('a heavy purse makes a light heart')
el dissenyador	designer
caminar	to walk
l'oferta (f.)	offer
ètnic, -a	ethnic
artesanal	home-made (craft)
vendre	to sell
l'amant (m./f.)	lover
el plaer	pleasure
s'hi poden trobar	can be found (there)

tota mena	every type
els mobles	furniture
recomanable	advisable

Exercise 7

To which of the areas or types of shop that appear in the text would you suggest the following people go? The first one has been done for you.

Somebody interested in	*Area*
1 youth fashion	Portal de l'Àngel
2 low-priced clothes regardless of quality	_____
3 designer labels	_____
4 shopping in a relaxed environment	_____
5 unusual clothes, who has clear ideas	_____
6 second-hand furniture	_____
7 shopping in the best-known store in town	_____

Exercise 8

Using the text *Les botigues de Barcelona* for reference, translate the following text into Catalan:

The shops are one of the attractions of Salou. There are expensive and exclusive shops and there are alternative markets for young people. In Salou, shopping is always an agreeable and relaxed experience. On Sunday, in Catalunya Square it is possible to find all types of fascinating and exotic objects. And if you want an exclusive experience, go to one of our sophisticated restaurants where you can eat the best specialities of Catalan gastronomy. We recommend Salou to you (*use* **li**), it is ideal for a stroll near the sea, the ideal town for people who know what they want. Welcome to Salou!

(*Patronat Municipal de Turisme*)

Exercise 9

Complete the following sentences with the appropriate form of the preterite auxiliary:

1 Ahir, a dos quarts de tres de la tarda el cambrer _va_ sortir del restaurant molt furiós.

2 Jo li _____ preguntar: «Què passa?»
3 El cambrer _____ dir: «hi ha clients molt difícils, ahir (jo)
   _____ tenir dos clients que _____ marxar sense pagar
   (= 'to leave without paying').»
4 Què _____ fer (tu)?
5 Jo tranquil, _____ mirar al carrer i no _____ veure res. Tot
   _____ passar molt ràpid. Després el propietari _____ telefonar
   a la policia. Però la policia (singular) no _____ fer res.

Exercise 10

Take the part of Sr. Sugranyes in this interview by putting our
English suggestions into Catalan:

ENTREVISTADOR	A quina hora va dinar ahir?
SR. SUGRANYES	Say: *Yesterday, I lunched at about two o'clock.*
ENTREVISTADOR	Què va menjar ahir al restaurant, Sr. Sugranyes?
SR. SUGRANYES	Say: *I ate the green salad and the potato omelette.*
ENTREVISTADOR	I de segon?
SR. SUGRANYES	Say: *Grilled hake.*
ENTREVISTADOR	Li va agradar?
SR. SUGRANYES	Say: *Yes, I liked it very much.*
ENTREVISTADOR	Què li va semblar el preu?
SR. SUGRANYES	Say: *I thought it was fine* (use 'semblar bé').
ENTREVISTADOR	Va veure alguna cosa interessant?
SR. SUGRANYES	Say: *No, I didn't see anything special.*

13 La vida diària

Daily life

In this unit you will learn about:

- Arranging to meet someone: with friends and at work
- Asking and responding to questions about daily routine
- Working life
- Leisure time
- The present continuous (the '-ing' ending)
- The reflexive verb
- The future tense
- Expressing 'to have to' using **haver de**

Dialogue 1

While on holiday in Barcelona John arranges a meeting over the telephone with his friend Gabriel.

1 **Is it a good time for John to call?**
2 **Why?**
3 **What is Gabriel doing?**
4 **What do they arrange to do in the late evening?**
5 **At what time?**
6 **Where?**

GABRIEL	Digui? Sóc el Gabriel, amb qui parlo?
JOHN	Hola, Gabriel, sóc el John, què fas?
GABRIEL	John, quina alegria! Des d'on truques?
JOHN	Sóc a Barcelona. Què estàs fent?
GABRIEL	Doncs estic mirant la tele. Però estic a punt de fer el sopar, per què no véns?

JOHN	No puc, estic esperant una amiga.
GABRIEL	A on?
JOHN	Al bar Zurich. Volem anar a passejar pel passeig de Gràcia. Vols quedar més tard?
GABRIEL	Sí, què et sembla si quedem al Zurich després del passeig? Cap allà a les onze?
JOHN	Sí, quedem a les onze . . . millor a quarts de dotze.

Vocabulary

trucar	to call
trobar	to find
les vacances (f.)	holidays
la tele (televisió)	television
estar a punt de	to be about to
esperar	to wait
quedar	to arrange to meet
el passeig	walk, stroll, promenade

Culture note

Cafè Zurich is in plaça Catalunya, at the start of the Rambles. **El Zurich** is a popular meeting place.

Language points

Useful expressions

1 **Sóc el John**. This is an important detail in a phone conversation. In English he would say 'It's John', whilst Catalan says 'I am John'.
2 **Amb qui parlo?** (= literally: 'With whom am I talking?' = 'Who's calling, please?')
3 **A on** (= where). **On** is often reinforced with the preposition **a**, particularly when it is on its own.
4 **Estic a punt de ...** (= literally 'I am on the point of ...' = 'I am about to ...')
5 **Què et sembla si quedem al Zurich?** illustrates an important use of **quedar**, which is a verb with several meanings. In this context, it provides a very useful way of making arrangements. It can be used to arrange the place of meeting and also the time of meeting. In the dialogue Gabriel asks whether John would like to meet later on in the day (**vols quedar més tard?**). John says: **sí, quedem a les onze ... millor quarts de dotze**. In this way he confirms Gabriel's idea as to place and time, specifying that a little later would be preferable.

The gerund (-nt ending)

This dialogue introduces the equivalent to the English '-ing' ending or gerund. As in English, the equivalent form in Catalan is very straightforward:

Estar + -nt

Example: **Estic mirant la tele** (= I am watching TV).

As has already been indicated, by far the largest group of Catalan verbs end in **-ar**, and therefore their '-ing' ending will be **-ant**.

But there are also some examples in the unit of **-er/-re** (second conjugation) and **-ir** (third conjugation) verbs. In those cases the ending of the verb will be in **-ent** and **-int** respectively. For example: **què estàs <u>fent</u> ara?** (= what are you doing now?) and **estic sort<u>int</u> de casa** (= I am leaving the house).

Notice that in Catalan the present continuous form is used only to describe actions or activities that are going on at the moment of speaking. If someone asks: **què estàs fent?** you can reply **estic mirant la tele** or more frequently simply **miro la tele**: both are used in Catalan where in English only the continuous form is possible. In case of doubt, choose the present tense instead, which in Catalan can always substitute the continuous form.

Exercise 1 ⌒

Listen to the questions on the audio and decide which is the appropriate answer from the alternatives below:

a   No, ara no s'hi pot posar, està estudiant.
b   Estan visitant l'àvia.
c   Estem passejant per l'avinguda de la catedral. A on quedem?
d   No, ara no puc, estic mirant un programa molt interessant a la tele.
e   Sóc a la Vila Olímpica, estic a punt de sopar amb un client.

Dialogue 2 ⌒

Gabriel tells his friend John about his new job and John asks him some personal questions about his daily routine.

Put the following expressions in the order you hear them:

> **em dutxo a la tarda** _____
> **per què et lleves tan aviat?** _____
> **després vaig a comprar** _____
> **però . . . he de viure, no?** _____
> **em rento les mans i les dents i m'afaito** _____

GABRIEL   Ara tinc una feina nova. Em llevo molt més aviat que abans: a dos quarts de sis.
JOHN   Què fas? Per què et lleves tan aviat?

GABRIEL	He començat a treballar a correus. Comencem a les sis. M'agrada la feina moltíssim perquè parlo amb molts clients diferents.
JOHN	I en mitja hora tens temps d'esmorzar o de dutxar-te?
GABRIEL	Normalment no esmorzo, i no em dutxo al matí. Em dutxo a la tarda, quan plego de la feina. Al matí només em rento la cara i les dents i m'afaito.
JOHN	I a quina hora tornes a casa?
GABRIEL	A les tres.
JOHN	I no has menjat res?
GABRIEL	Sí, a les deu vaig al bar i esmorzo. Dino quan arribo a casa i llavors faig la migdiada, després vaig a comprar i al vespre surto. Torno a casa a mitjanit.
JOHN	I no dorms?
GABRIEL	Poc, però . . . he de viure, no?

Vocabulary

nou, **nova**	new
llevar-se	to get up, to get out of bed
treballar	to work
correus (m. pl.)	postal service
dutxar-se	to have a shower
tampoc	neither
plegar	to finish work
rentar-se	to wash (oneself)
la cara	face
les dents	teeth
afaitar-se	to shave
fer la migdiada	to have a siesta
arribar	to arrive
anar a comprar	to go shopping
he de	I have to

Language points

Reflexive verbs

You have heard how Gabriel describes his everyday activities as **em llevo** (= I get up), **em dutxo** (= I have a shower), etc., and how John asks **per què et lleves tan aviat?** (= why do you get up so early?). Many common or everyday activities are expressed by such a combination (verb + pronoun) in which the verb is called *reflexive*, because the action is done 'to oneself', although this is not always obvious. One example of such a verb, which you are familiar with already is **dir-se** (= 'to be called'; literally: 'to call oneself').

Reflexive verbs have a characteristic infinitive ending. For example: **llevar-se**, **dutxar-se**, **rentar-se**, **afaitar-se**. Here is the full form of **dutxar-se**:

Verb beginning with a consonant	*Verb beginning with a vowel*
em dutxo	**m'estic dutxant**
et dutxes	**t'estàs dutxant**
es dutxa	**s'està dutxant**
ens dutxem	**ens estem dutxant**
us dutxeu	**us esteu dutxant**
es dutxen	**s'estan dutxant**

Notice also: **em rento la cara** (= I wash my (own) face) and **es renta les dents** = (he cleans his (own) teeth) where use of the reflexive in Catalan (in actions concerning parts of the body and personal clothing) does the same job as the possessive pronoun in English.

Exercise 2

Put in the reflexive pronoun to match the verb endings:

1	dutxo	6	estic dutxant
2	rentes	7	dic
3	lleven	8	rento les dents
4	afaitem	9	dius
5	afaito	10	dutxa

Exercise 3

Translate into Catalan, using the previous dialogues to help you:

Now I get up at five o'clock. I work in the market. I have breakfast and go to work. I like the work a lot. It is very interesting because I talk with many different clients. I finish work at two o'clock and go home. Then I have a shower, I eat, watch television, and have a siesta. Afterwards, at six o'clock, I go shopping and at about nine o'clock I go out with my friends. We normally go to a bar in Gràcia and we pass the time talking. I usually arrive home and go to sleep at midnight because I have to get up early. And you? At what time do you get up? Are you working now? Do you want to arrange to meet one evening?

Dialogue 3

Sra. Artiac is arranging a meeting with Sr. Comas. They are trying to find an appropriate date although her diary is quite full.

1 **When exactly will the meeting between Sr. Comas and Sra. Artiac take place?**
2 **Mention two of the things that Sra. Artiac has to do.**

SR. COMAS	El dijous vint-i-tres de març al matí, pot venir a la reunió?
SRA. ARTIAC	Un moment, que miro l'agenda, un moment sisplau . . . No, ho sento, Sr. Comas, no puc. He d'anar a París a una fira industrial. Hi passaré dos dies a París.
SR. COMAS	I el dilluns vint-i-set?
SRA. ARTIAC	El vint-i-set? No, ho sento, tampoc no em va bé. El meu marit i jo hem d'anar a l'escola del meu fill.
SR. COMAS	Veig que vostè està molt ocupada. A veure, què li sembla si quedem el dimarts vint-i-dos d'abril?
SRA. ARTIAC	Doncs sí, al matí estic lliure. Només he d'anar al gimnàs a les vuit.
SR. COMAS	Doncs quedem així: el dimarts vint-i-dos d'abril a les onze al meu despatx. Treballarem dues hores, dinarem, i després visitarem l'empresa.
SRA. ARTIAC	Em sembla que serà molt interessant.
SR. COMAS	Per nosaltres també, Sra. Artiac, per nosaltres també . . . Moltes gràcies.
SRA. ARTIAC	A vostè, Sr. Comas: fins el vint-i-dos.
SR. COMAS	Passi-ho bé, Sra. Artiac, passi-ho bé.

Vocabulary

l'agenda (f.)	diary
la reunió	meeting

la fira	fair
industrial	industrial
l'escola (f.)	school
ocupat, -da	occupied, busy
lliure	free
el gimnàs	gym
així	like this
l'empresa (f.)	company, business

Language points

To have to . . .

As well as being used to form the perfect tense, **haver** is used to express obligation. **Haver de** + infinitive is equivalent to English 'to have to'.

> **he** (or **haig**)
> **has**
> **ha**   + **de** + infinitive
> **hem**
> **heu**
> **han**

Example: **he d'anar al gimnàs a les vuit**

The future tense 1

This unit introduces the future. This tense is straightforward to form in all three conjugations, which take the same endings. It is simply a case of adding the appropriate ending to the infinitive, as the table below shows:

The future tense: **passar**

> **passar-é**
> **passar-às**
> **passar-à**
> **passar-em**
> **passar-eu**
> **passar-an**

There are very few irregular futures, but even those take the same endings. In this unit you hear an example of a verb which is slightly irregular, **fer** → **faré, faràs**, etc., which changes the stem but the endings and even the pronunciation remain regular.

Exercise 4

Now listen to the questions on the audio and decide which is the appropriate answer from the alternatives below:

a   Sí, he de sortir ara. He d'anar al supermercat.
b   He de treballar fins tard. No acabaré fins a dos quarts de vuit.
c   He de treballar tot el dia. No puc sortir.
d   Em sembla que va dir que ha de treballar.
e   Hem d'anar a una fira industrial.

Exercise 5

Which 'person' (1, I; 2, you; 3, he/she/vostè; 4, we; 5, you; 6, they) of the future tense do you hear on the audio? The answer to sentence 1 is 5.

1   __5__
2   _____
3   _____
4   _____
5   _____
6   _____
7   _____
8   _____
9   _____
10 _____
11 _____
12 _____
13 _____

Exercise 6

Take the part of Sra. Pi in this conversation with Sr. Sala, using the page of her diary shown on p. 156 to help you.

SALA   Pot venir a la reunió a les dotze?
PI   First say: *I will look in my diary.* (Then respond according to the content of the diary.)

DILLUNS, 8 DE MAIG

8.00	*esmorzar*
9.00	*gimnàs*
12.00	*dentista*
14.00	*dinar amb la Maria*
22.00	*cinema*

SALA   I a les nou, que li va bé?

P<small>I</small>   Say: *I'm sorry, I can't. I am free at 11.00. What do you think?*

SALA   Molt bé, quedem així doncs?

P<small>I</small>   Say: *Very well. Let's arrange to meet on* ... (Say day, date and time arranged.) Say: *Goodbye.*

Dialogue 4

Sr. Pujals is interviewed by his head of personnel to discuss a problem with his working hours.

Activity 1

Order the following phrases:

1 Ella treballa a l'ajuntament. ____
2 I què fa la seva dona?   ____
3 Per què no em parla una mica de la seva situació familiar?

____
4 Hem de discutir una qüestió força delicada. ____

Activity 2

1 How long has Sr. Pujals been working in the company?
2 What is the main reason why Sr. Pujals can't do overtime?
3 Who has to pick the children up from school?
4 What do we know about the work Sr. Pujals's wife Sílvia does in the town hall?

CAP DE PERSONAL	Bon dia, Sr. Pujals. Vostè fa més de vint anys que treballa amb nosaltres, oi que sí?
SR. PUJALS	Sí, vaig entrar a l'empresa el mil nou-cents vuitanta-nou, el dia u de gener. Vaig començar fent de peó, i ara sóc obrer especialitzat.
CAP DE PERSONAL	Sí, molt bé, molt bé … Hem de discutir una qüestió força delicada: vostè no fa hores extres, oi que no? Com és això? Vostè sap que l'empresa demana la col·laboració de tota la plantilla. A veure, en primer lloc, per què no em parla una mica de la seva situació familiar?
SR. PUJALS	És que la meva dona també treballa.
CAP DE PERSONAL	I què fa la seva dona?
SR. PUJALS	Ella treballa a l'ajuntament. Treballa massa i torna a casa molt tard. És una feina força complicada però ben interessant i li agrada molt.
CAP DE PERSONAL	I això afecta el seu horari?
SR. PUJALS	Doncs més aviat sí. Jo he de recollir els nens de l'escola i estar amb ells mentre ella treballa. Per això, no puc fer hores extres.
CAP DE PERSONAL	I no tenen cangur? Avui en dia en té tothom, no li sembla?
SR. PUJALS	Ho pensarem … ho pensarem, és clar. Ho parlaré amb la Sílvia, però … però, em sembla que no li farà cap gràcia.

Vocabulary

el/la cap de personal	head of personnel
la fàbrica	factory
el peó	labourer, unskilled worker
l'obrer especialitzat	skilled worker (m.)
l'obrera especialitzada	skilled worker (f.)
fer de	to work as
discutir	to discuss
la qüestió	issue, question
delicat, -ada	delicate
les hores extres	overtime
la plantilla	staff, work force
el lloc	place
l'ajuntament (m.)	town hall

complicat, -ada	complicated
recollir	to pick up
mentre	while
el/la cangur	babysitter (literally: 'kangaroo')
fer gràcia	to amuse
per això	for this reason

Language points

Useful expressions

En primer lloc (= in the first place) is useful when making several points: **en segon lloc** etc.

Expressing 'how long ago'

Fa ... anys is the standard way of expressing *time ago*. For example: **vostè fa més de vint anys que treballa amb nosaltres, oi que sí?** (= you have been working for us for more than twenty years, haven't you?). Consider: **fa dos anys que visc a Lleida** (= I've lived in Lleida for two years). Unlike English, this expression uses the present tense (you may want to think about it as: 'I've lived in Lleida for two years *and I still live there*').

Expressions with cap

Cap basically means head (head of personnel = **cap de personal**) but it has many other uses:

1 Preceded by **no** it means 'none', 'not any'. Here **no ... cap** forms part of the idiomatic expression: **no em fa cap gràcia** (= I don't think it's funny/a good idea). Consider: **no em fa cap gràcia anar al cinema** (= I don't feel like going to the cinema). **Fer gràcia** means 'to amuse', so **no li farà cap gràcia** in the dialogue means 'she won't be at all amused'.
2 We have also seen **cap** in the phrase **cap allà a** used in time phrases like **cap allà a les deu**. This can be said more simply as **cap a les deu** (= at about ten).

3 **Cap a** is also the standard way of saying 'towards' as in **vaig cap a l'ajuntament** (= I'm heading for the town hall).

Adjectives with adverbs: ben and massa

When **semblar** was discussed, **força** and **molt** were introduced to intensify adjectives. In this dialogue we hear how **ben** is used with a similar function. **Ben** is the form taken by **bé** (= well, very) when it precedes an adjective. As in **és ben fàcil** (= it is very easy) and **ben fet** (= well done) but **ho fa molt bé** (= he does it very well). The adjective **bo → bon** (= good) before a masculine noun follows a similar transformation: **és un bon moment per estudiar** (= it is a good time to study) but **és un cafè molt bo**.

Massa (= too, too much) works in the same way before an adjective: **és una pel·lícula massa llarga**. In this dialogue we hear it used referring to a verb in **treballa massa**. Other adverbs are used in the same way: **treballa força** (= he works quite a lot) and **treballa molt**. Note therefore that adverbs normally precede adjectives but follow verbs.

Question tags

Another characteristic of this type of conversation is the use of 'tags'. The single word **oi** in Catalan covers the great variety of English questions commonly tagged on to the end of sentences as a way of seeking agreement: '... do you?', '... don't you?', 'doesn't he ...?', 'will you ...?', etc. For example: **ja no treballes al restaurant, oi?** (= you don't work in the restaurant any more, do you?). In this dialogue we hear how the speaker, for greater emphasis, uses **oi** in the phrase: **oi que sí?**, which is a stronger way of seeking agreement: **és una feina interessant, oi que sí?** (= it's an interesting job, don't you think?). In English you might say: 'isn't that the case?', 'don't you think?', 'wouldn't you agree?', etc. However, if the phrase is negative, **oi que no?** has to be used. Consider the following statement: **no t'agrada la televisió, oi que no?** (= you don't like television, do you?). Or in the dialogue: **vostè no fa hores extres, oi que no?** Note how, unlike English, in Catalan if the main sentence is in the positive, the tag is in the positive, and if the main sentence is in the negative, the tag is in the negative.

Exercise 7

Match the dictionary definitions to one of the words that appear in the vocabulary to Dialogue 4.

1 Lloc on els nens i la gent jove van a estudiar i aprendre qüestions acadèmiques.
2 Associació comercial, tipus de negoci o industria, lloc on la gent va a treballar.
3 Persona ben qualificada professionalment que treballa en una empresa o fàbrica.
4 Persona que fa tot tipus de treball manual que no necessita experiència o qualificacions especials.
5 Institució que administra una vila, una ciutat o un municipi.
6 La totalitat dels obrers i persones que treballen en una fàbrica o empresa.
7 El temps que un obrer o empleat treballa a més a més de les hores obligatòries, que generalment són quaranta.
8 Lloc on els obrers treballen per la producció d'objectes o materials manufacturats.
9 Persona que ajuda a organitzar la plantilla i decideix qüestions laborals.

Exercise 8

Choose which question tag (a) **oi que sí?** or (b) **oi que no?** you would add to the following statements.

1 Vostè ha treballat aquí durant cinc anys.
2 Vostè és obrer especialitzat.
3 Vostè no fa hores extres.
4 Vostè no parla de la seva situació.
5 La seva dona treballa.
6 La seva dona no parla anglès.
7 Tu parles bé l'anglès.
8 Ell no parla gens d'anglès.

Exercise 9

Combining adverbs with adjectives, together with the useful phrases you have learnt, translate into Catalan:

1 I work in a school. It is quite an interesting job and I like it a lot. But I think I work too hard. I return home at 9.00 pm.
2 He works in the town hall. He likes his job a lot. It is very interesting but he arrives home very late.
3 We have to go and collect our children from school; for this reason we can't do overtime.
4 We have been working in a factory in Manresa for ten years. We are skilled workers. We have problems with our head of personnel. Our situation is quite delicate. We have to do a lot of overtime.
5 I have worked all day and I am very tired. Yesterday I didn't sleep at all.
6 I don't think it's funny when I can't sleep.

14 Què has fet avui?

What have you done today?

In this unit you will learn about:

- Describing what you have done today
- Talking about activities relevant to the present
- International Book Day
- Social issues
- The perfect tense
- Sequence of activities
- Abbreviations
- The **-ista** ending

Dialogue 1 🎧

Mercè asks her friend Claus about his holiday and about his last day in Valencia.

- **Can you identify:**

  1 two things that Claus says about Valencia?
  2 two things that Claus has done today?
  3 why Claus visited the Miquelet tower?

MERCÈ	Com van anar les vacances a València, Claus?
CLAUS	Acabo d'arribar fa un moment. M'ho he passat molt bé. València és la ciutat ideal. Bon clima, bon ambient, menjar excel·lent, gent maca, molta marxa.
MERCÈ	I vas veure les Falles?
CLAUS	Que em prens el pèl? Les Falles són per Sant Josep, el dinou de mars.

MERCÈ	És veritat . . . i avui què has fet?
CLAUS	Al matí he sortit de València amb l'Euromed. Però m'he llevat aviat per anar a visitar el Miquelet.
MERCÈ	I què hi has anat a fer al Miquelet?
CLAUS	He anat a dir adéu a València.
MERCÈ	Ah, sí?
CLAUS	Bé . . . també he anat a comprar regals.
MERCÈ	Ah, sí . . .? Que m'has comprat un regal? On és?

Vocabulary

les vacances	holiday
passar-s'ho bé	to have a good time
maco, -a	good
la marxa	action, nightlife, zest for life
prendre el pèl	to pull someone's leg
la veritat	truth
és veritat	it's true
el regal	gift

Culture notes

The **Euromed** is a sleek modern train (**el tren**) that links Barcelona to Valencia in just over three hours. A high-speed track is planned that will reduce this time significantly and join the Spanish rail system to the European high-speed network. The issue of connection with Barcelona and Europe is an important one: Valencia is Spain's third city and the relationship between Valencia, Barcelona and Madrid is reflected as much in transport as in politics. For historical and political reasons some Valencians tend to look more towards Barcelona, others more towards Madrid. The issue came to a head over **TV3**, the Catalan television channel, which for a time Valencians were not allowed to see.

At the heart of **les Falles** celebrations are the giant-size satirical and political papier-mâché sculptures (**els ninots**), which are built on wooden frames and painted before being burnt as huge bonfires (**les fogueres**). There is one bonfire in each **barri**, where these monstrous sculptures are on display for a few days before they are burnt. The ritual has been described as Europe's 'wildest Spring festival' (Miles Roddis, *Valencia & the Costa Blanca*, Lonely Planet, 2002), but there is **molta marxa** in Valencia all the year round.

El Miquelet is the cathedral's bell tower, offering a panoramic view of the city.

Language points

Useful expressions

Acabo d'arribar (= I have just arrived). **Acabo de** + infinitive is the standard way of saying 'to have just done something'.

Passar-s'ho bé: note how the reflexive verb **passar-se** combines with **ho**.

Que em prens el pèl? (= are you pulling my leg?). Because **prendre** means 'take' and **pèl** means 'hair', this useful phrase literally means 'are you taking my hair?', which corresponds to English 'are you pulling my leg?'. This idiomatic phrase is pronounced as four syllables, not five. Remember that **que em** becomes /quem/ in spoken language. Consider: /quem pren sel pel?/.

The perfect tense 2

As indicated earlier, the perfect tense is used to refer to the recent past. Its basic function is to refer to actions that have taken place *today* or which refer to past actions still seen to be relevant to the present. As you know, this tense is formed with **haver** and the past participle, in this dialogue **sortit**.

Exercise 1

Listen to the audio and decide which person of the perfect tense you hear (1, 2, 3, 4, 5, 6).

1 _____
2 _____
3 _____
4 _____
5 _____
6 _____
7 _____
8 _____

Dialogue 2 🎧

Sr. Amorós talks to a business colleague, Sr. Rushdie, who is visiting Valencia.

1 **Can you name two places that Sr. Rushdie has visited this morning?**
2 **What did he do in the afternoon?**

AMORÓS	Com ha anat aquest matí? Què ha fet?
RUSHDIE	He fet una petita gira pel centre de València. En primer lloc, he visitat el Palau de la Generalitat i tot seguit el Palau de Benicarló; després, he passejat una estona pel Barri del Carme i al cap de mitja hora he fet un cafetonet a la plaça de la Reina abans d'entrar a la catedral. És un oasi de tranquil·litat.
AMORÓS	Ha entrat a la capella de Sant Francesc de Borja? A mi sempre m'ha agradat. A vostè, li ha agradat?
RUSHDIE	I tant! He fet fotos però no han sortit gaire bé, les vol veure? Miri, aquesta ha sortit massa fosca. I aquesta altra també. Les exteriors, en canvi, com aquesta de la Torre de Santa Caterina, han quedat molt millor, oi que sí?
AMORÓS	Estic d'acord, és molt artística. I a la tarda què ha fet?
RUSHDIE	És que ha plogut tota la tarda! Tinc sort que pel matí he sortit molt aviat de casa i he pogut aprofitar el bon temps. Però a la tarda no he tingut alternativa. M'he refugiat al cine, he vist una pel·lícula americana molt divertida i al final he passat una estona més al bar del cine fins que ha deixat de ploure. Llavors, he tornat a l'hotel. I a vostè, com li ha anat el dia?

Vocabulary

la gira	tour
tot seguit	straight after
el palau	palace
l'estona (f.)	while (period of time)
l'oasi (m.)	oasis
la tranquil·litat	tranquillity

la capella	chapel
sant, -a	saint
fascinar	to fascinate
fosc, -a	dark
en canvi	instead, on the other hand
artístic, -a	artistic
ploure	to rain
tenir sort	to be lucky
aprofitar	to make use of, to make the best of
l'alternativa (f.)	alternative
refugiar-se	to take refuge
la pel·lícula	film
fins que	until

Culture note

A sense of history

El Barri del Carme is the Gothic quarter around **la plaça de la Reina**. At its heart is the eclectic cathedral, along with other significant buildings including a former Borgia palace (**el Palau de Benicarló**) and the palace of the **Generalitat**, as well as many other medieval and Renaissance features, including several towers like **la Torre de Santa Caterina**. **El Palau de la Generalitat** has been the seat of the Valencian regional government since the fifteenth century. The saint mentioned by Sr. Amorós is **Francesc de Borja** (1510–72), great grandson of a Borgia pope. Note that 'Borgia' is the Italian spelling of **Borja**, the Valencian family that rose to prominence in fifteenth-century Italy.

Language points

Useful expressions

I tant! is frequently used to express strong agreement.

Deixar de ploure (= to stop raining). **Deixar de** + infinitive means, by extension, 'to stop doing something': **he deixat de fumar** (= I have stopped smoking/given up smoking). **Deixar** is another verb with a range of meanings; perhaps the main one is 'to leave something somewhere'. For example, **ha deixat les claus sobre la taula** (= he has left the keys on the table).

Note also the slightly different meaning of three verbs you already know when they are used in relation to photography: **fer**, **sortir** and **quedar**:

1 The use of **fer** in the phrase **fer fotos** (= to take pictures or photos) means literally 'to make' photos.
2 **Sortir** appears with two meanings. 'Go out' (when Sr. Rushdie goes out) and 'come out', referring to the pictures he has taken.
3 We are introduced here to another use of **quedar**, this time referring to the outcome of the photographs, meaning 'they have come out'. The meaning of **quedar** here is similar to the meaning of **sortir**.

The perfect tense 3: irregular past participles

Some verbs do not simply add **-at**, **-ut** or **-it** to form the past participle. Dialogue 2 introduces some such irregular past participles. These are:

Infinitive	*Past participle*
fer (= to make)	**fet**
veure (= to see)	**vist**
ploure (= to rain)	**plogut**
poder (= to be able)	**pogut**
tenir (= to have, hold)	**tingut**

Using the perfect tense of reflexive verbs

When using a reflexive verb like **dutxar-se** in the perfect tense, notice how the reflexive pronoun contracts before the auxiliary **haver**: **m'he dutxat**, **t'has dutxat**, **s'ha dutxat** and **s'han dutxat**, but **ens hem** and **us heu dutxat**. For more irregular verbs see the Grammar reference.

Sequence of activities and al cap de

We have already come across **en primer lloc**, **després** and **llavors**. These are all useful when describing a sequence of events. Senyor

Rushdie uses some new expressions in this dialogue: **tot seguit** and **al cap de** + length of time (**al cap de mitja hora** = after half an hour). **Al cap de** offers particular flexibility in combining with other elements to express time nuances. Consider: **Al cap d'una estona** (= after a while), **al cap de poc** (= after a short time), **al cap de ben poc** (= after a very short time). The latter is a particularly good example of the abundance of monosyllabic words that end in a consonant in Catalan. You have recently seen an example of this in the phrase **que em prens el pèl?** This feature, together with the characteristic **-oc** ending of **poc**, also gives the phrase **al cap de ben poc** what some consider to be a distinctively Catalan sound.

Exercise 2

Write the appropriate form of the perfect tense for the verbs in italics:

1 En primer lloc, jo *anar a* el cinema.
2 Tot seguit, el Sr. Valentí *entrar a* la catedral.
3 Després, la Neus i l'Agustí *visitar* l'ajuntament.
4 Llavors, nosaltres *veure* el palau.
5 Al matí, tu *fer* moltes coses.
6 A la tarda, ells *poder* parlar amb mi.
7 Al vespre, jo *tenir* una bona experiència.
8 A mitjanit, la Clara *dutxar-se* abans de sortir.

Dialogue 3 🎧

Maria and Esteve discuss with his mother, Clara, what they have done during St George's Day.

1 **Where did Esteve and Maria go this morning?**
2 **What has Esteve bought his mother?**

CLARA	Què heu fet aquest matí?
ESTEVE	Hem visitat les parades de llibres.
CLARA	Que li has comprat una rosa a la Maria?
ESTEVE	No, li he comprat un llibre.
CLARA	Quin llibre li has comprat?
ESTEVE	Li he comprat l'última novel·la del Ferran Torrent.

CLARA	I per què no li has comprat una rosa?
ESTEVE	I de què serveix una rosa? Que no han de llegir les dones?
CLARA	Ai, fill, que poc romàntic que ets!
MARIA	Doncs, jo prefereixo un llibre. Aquest any he llegit molt poc.

Vocabulary

la parada	stall
el llibre	book
la rosa	rose
llegir	to read
romàntic, -a	romantic
servir	to serve, to be of use

Culture note

International Book Day

St George is the patron saint of Catalonia. **La diada de Sant Jordi**, St George's Day (23 April), is also **el dia del llibre** (Book Day), a custom recently adopted by other countries. On this day, it is traditional for men to give women a single red rose (**una rosa**) and for women to give men books in return, but these gender roles have never been set in stone. Big book stalls (**les parades**) are set out in the streets and main squares, and booksellers offer a discount. Ferran Torrent is a leading contemporary Valencian writer.

Language points

The perfect tense 4: uses

This dialogue shows that the perfect tense has three main applications:

1 The main use is to refer to things done today: **m'he llevat a les sis i he anat a la feina**. This usage does not always coincide with English usage, where one would usually say 'I got up at six and went to work' and not 'I have got up at six and I have gone to work'.

2 This dialogue also shows that the perfect tense can be used as in English to refer to things in the past which are felt to be still relevant to the moment of speaking: **aquest any he llegit molt poc** (= this year I've read very little). Other examples: **aquest estiu no hem fet vacances** (= we have not been on holiday this summer); **sempre han viscut al mateix carrer** (= they have always lived on the same street).

3 Examples in (2) illustrate reference to a past time with the demonstrative **aquest, -a**. When a sentence starts with an expression of time introduced with **aquest, -a**, it is normal to use the perfect tense. For example: **aquest any no hem fet vacances** (= this year we haven't had a holiday). This is an area where we must be particularly careful to avoid interference with English usage. Consider: **aquesta nit no he dormit bé** (= last night I didn't sleep well); **aquest cap de setmana no hem sortit de casa** (= this weekend we didn't leave the house).

Exercise 3

Complete your part in the following conversation with Max.

YOU	Ask: *What have you done today?*
MAX	He anat a veure les parades de llibres de Sant Jordi.
YOU	Ask: *Have you bought a book?*
MAX	He comprat l'última novel·la del Vázquez Montalbán.
YOU	Ask: *Has Elena bought you a rose?*
MAX	Sí, i també n'ha comprat una per la seva mare.
YOU	Ask: *Will you go out this evening?*
MAX	No ho sé, suposo que sí.

Dialogue 4 🎧

Two fathers, Sr. Sugranyes and Sr. Toda, are talking about their respective sons, Joanet and Jordi.

1 **For how many years has Sr. Toda's son been studying journalism?**
2 **At what time did he get up today?**
3 **Did Joanet accompany his father on the hospital visit?**
4 **Can you pick out anything that Sr. Toda says about his son Jordi?**

TODA   Què fa el seu fill?

SUGRANYES   Poca cosa. El Joanet està estudiant periodisme, però encara no ha acabat. Ja fa deu anys que fa la carrera. Em sembla que no acabarà mai. Avui s'ha llevat a les dotze i li he dit 'em vols acompanyar a visitar l'àvia a l'hospital' i m'ha dit 'no puc, he d'anar al rocòdrom'. I el seu fill, Sr. Toda?

TODA   També s'ha llevat a les dotze, s'ha fet l'esmorzar i se n'ha anat a la mani.

SUGRANYES   La mani? Què és això de 'la mani', Sr. Toda?

TODA   La mani? Una manifestació, Sr. Sugranyes, una manifestació. És tot això de l'antiglobalització i l'ecologia. El Jordi és antiglobalista. I a més a més és okupa. El Joanet no ho és?

SUGRANYES   També, també; ... a mi em té ocupada la casa, Sr. Toda. Ja té trenta-dos anys. Trenta-dos anys, Sr. Toda. I encara viu a casa meva. Bé ... no sé si és casa meva ... o casa seva.

Vocabulary

encara	still
acabar	to finish
la carrera	university degree course, studies
acompanyar	to go with (someone)
el rocòdrom	climbing wall
mai	never
l'antiglobalització (f.)	antiglobalisation
l'ecologia (f.)	ecology
l'antiglobalista (m./f.)	antiglobalisation activist
ocupat, -da	occupied

Culture note

The generation gap

University can take a long time and young people often stay at home up to the age of 30 and sometimes beyond. This is mainly due to the difficulty of finding employment and housing.

The antiglobalisation movement has been popular among young people in Catalonia for some time, with hundreds of thousands attending demonstrations in Barcelona and elsewhere. The **okupa** movement is loosely connected with the global squatter movement and the anarchist movement, which has deep roots in Catalonia, from before the time of the Spanish Civil War (1936–9). George Orwell wrote a personal account of this period in *Homage to Catalonia*.

Language points

Useful expressions

Another idiom with **fer**: **fer la carrera** again alerts us to the flexibility of **fer**, here meaning: 'to do a university degree course'.

Position of possessives

We have seen how the possessive is normally used before members of the family: **la meva germana**. However, When referring to 'my home' the standard phrase is **casa meva**, **casa teva**, etc. The phrase **la meva casa** is also grammatically correct, but it means 'my house' and not 'my home'.

Abbreviated words

És (tot) això de . . . (= It's (all) that stuff about) is a general way of referring vaguely to something. In this case it introduces some contemporary references to modern Catalan culture: **la mani** (short form of **la manifestació** (= demonstration)) and **l'okupa** (m./f.) (= squatter, a graffiti spelling from **ocupar** (= to occupy)) represent a wider tendency of colloquial Catalan to produce short forms of popular words and non-conventional spellings. Many are closely associated with school and student culture. Common examples include: **la bici** (from **la bicicleta** (= bicycle), **la tele** (**televisió**), **el boli** (from **el bolígraf** = 'ballpoint pen'), **el/la profe** (from **el/la professor/a** = 'teacher'), **la poli** (from **la policia** = 'police'), **el cole** (from **el col·legi** = 'school'), **tranqui** (often used to mean 'calm down' in the phrase **tranqui, tranqui** from **tranquil** = 'calm').

Nouns ending in -ista

Antiglobalista provides an example of the **-ista** ending used in words like **artista**, **optimista**, **dentista** (= dentist), etc. These words do not change their ending when applied to men or women, so: **el dentista** and **la dentista**. In the plural: **els dentistes** and **les dentistes**. It is more common to hear the masculine plural, as this includes both men and women, whereas the feminine plural is used only to refer to women.

Exercise 4

Translate into Catalan:

1 At what time did you get up today?
2 What have you eaten for breakfast today?
3 What did you do yesterday?
4 Where did they have lunch yesterday?
5 Has it rained today?
6 What did you do this afternoon?
7 What did they do this evening?
8 When did you get up yesterday?
9 Did you have a shower?
10 Have you visited Valencia cathedral?
11 Did you go to work yesterday?

Exercise 5

Listen to the audio and identify five of the adjectives used in this description of **les Falles de Valencia**.

Exercise 6

Look at the following definitions of words that appear in the vocabulary and language points of Dialogue 4. Identify the words that correspond to each of the eleven definitions.

1 Una persona creativa que es dedica a l'art.
2 Un sistema de transport que és molt ecològic i saludable.
3 Verb transitiu: l'acció d'anar amb una altra persona a un lloc específic.

4 Una persona que no està d'acord amb la situació d'injustícia de l'economia global.

5 Un grup de moltes persones que caminen pels carrers cridant eslògans i demanant canvis socials.

6 Una persona del món mèdic que arregla la boca i les dents dels seus pacients.

7 Organització que manté l'ordre públic i que fa un servei d'assistència als ciutadans en moments de dificultat.

8 Una persona que sempre veu les coses de forma positiva.

9 Lloc on van els nens a estudiar.

10 Persona que viu en les cases abandonades on no hi ha ningú i busca la independència de la família.

11 Ciència que estudia l'equilibri en el medi ambient entre les plantes, els animals, els éssers humans i els fenòmens atmosfèrics.

Exercise 7

Translate this postcard Claus sent his daughter:

Dear Anna,

Yesterday, in the morning, I went to the cathedral and, in the afternoon, I visited some friends. Today, I have done lots of things and have visited many places. Now I am eating paella in a restaurant near the plaça de la Reina. Valencia has had a very interesting history. Today it is famous for the Falles. The Falles are bonfires of sculptures and other combustible materials. I saw the Falles yesterday and I liked them a lot: good food, good music, good people. It is a fascinating city, I want to return next year. Tomorrow, I will go shopping and I will buy you a very special present.

Lots of love and kisses, Claus.

15 La sobretaula
After dinner talk

In this unit you will learn about:

- Describing aspects of work and home life
- Agreeing and disagreeing
- Vocabulary of professions and work
- Second and third conjugation verbs
- Prepositions
- Conjunctions

La sobretaula refers to the practice of sitting 'around the table' after a meal and engaging in conversation. The long lunch break is an established part of Mediterranean life. It is convenient, especially when it is hot, and some people still take a **migdiada** (afternoon nap or siesta), particularly in rural areas.

The **sobretaula** tends to be particularly lengthy on **dies de festa** (weekends, patron saints' days and official celebrations). The dialogues in this unit are examples of the types of **sobretaula** conversation which can be rather serious (as in Dialogue 3), although gossip and other socially bonding topics of discussion figure prominently too.

Dialogue 1

Blai, a chef, has just met Terenci, a former teacher, who now works as a journalist in local radio. Terenci says how important it is in his profession to meet people.

- **In which order do you hear the following phrases:**

  sóc professor, però em dedico al periodisme _____
  i vostè a què es dedica? _____
  estic d'acord _____
  els restaurants són un bon lloc per parlar _____
  oi que sí? _____

BLAI	Quina és la seva professió?
TERENCI	Jo sóc professor.
BLAI	I a què es dedica?
TERENCI	Sóc professor, però em dedico al periodisme, faig de presentador d'un programa esportiu a la ràdio.
BLAI	On treballa?
TERENCI	Treballo en una ràdio local. I vostè a què es dedica?
BLAI	Jo sóc cuiner.
TERENCI	Ah, és una feina interessant.
BLAI	Estic d'acord, però és molt difícil. Vostè menja molt als restaurants, oi que sí?
TERENCI	Sí, per mi és molt important parlar i els restaurants són un bon lloc per parlar, sobretot durant la sobretaula. És la meva excusa. Potser perdo molt de temps, però és molt útil, ... no sols per saber què pensa la gent, sinó que també per no haver de cuinar. Però ... però temo que anar tant als restaurants no és bo per l'úlcera.

Vocabulary

la professió	profession
el professor	teacher
dedicar-se a	to work as
el periodisme	journalism
el presentador	presenter
esportiu, -iva	sports
el cuiner	cook, chef
durant	during
molt de temps	a lot of time
perdre	to lose
útil	useful
cuinar	to cook
témer	to fear

tant	so much, so often
no sols ... sinó que ...	not only ... but (also) ...
l'úlcera (f.)	ulcer

Language points

Talking about work

Fer de is one of the many idiomatic uses of this verb; the expression means 'to work as', 'to have a job as'. There can often be a hint of it being a temporary, new or different job.

Note the difference between English and Catalan when saying what your job is, with no indefinite article: **la meva cunyada és infermera** (= my sister-in-law is a̲ nurse).

In work-related conversation the reflexive verb **dedicar-se (a)** is often heard, meaning 'to be occupied/employed (as)'; literally: 'to dedicate (oneself) to'. Note how **dedicar-se a** is followed by an abstract noun: **em dedico al periodisme**, as in the dialogue, or **em dedico a l'ensenyament** (= I am in teaching), whereas other expressions like **fer de** are used with the name of the professional in the field: **faig de botiguer** (= I'm working as a shopkeeper); **sóc empresari** (= I'm a businessman).

Sitting down to talk: prepositions and conjunctions

As we move into situations in which people are sitting together and having longer conversations, sentences naturally become more complex. This is noticeable in the use of prepositions, and above all in the increased use of conjunctions, which allow the speaker to connect thoughts and phrases together with greater fluency. As indicated in Unit 8, prepositions usually establish a relationship between words ('in', 'at', 'on', 'by', 'with', 'from', 'of', 'for', etc.). If prepositions establish connections within a sentence, conjunctions do a similar job between sentences ('and', 'or', 'but', 'then', 'that', 'because', etc.). You will find that including prepositions and conjunctions in your speech will help you use more of the vocabulary and the verbs you have learnt. For lists of frequently used prepositions and conjunctions, see the Grammar reference.

Preposition a

So far, we have discussed prepositions as they occurred in the dialogues, and the most frequently used ones appeared in the Language builder at the end of Unit 8. This dialogue shows us more about the preposition **a**, which, as you know, can be used both in expressions of direction (to/towards), for example: **vaig a la platja** (= I'm going to the beach), and of position (at/in). Consider the phrase: **treballo a la ràdio** (= I work in radio). What we also observe in **treballo en una ràdio local** is that **a** is normally replaced by **en** in expressions of position when followed by **un(a)**, **algun(a)** and **aquest(a)** which begin with vowels. So: **sóc a la fàbrica** (= I am at the factory), but **treballo en una fàbrica**. Two further points in relation to prepositions:

1 Remember that a few verbs, like **dedicar-se (a)**, are almost always followed by a preposition: **em dedico a la gestió d'empreses** (= I work in management). You already know **anar a**, used again in this dialogue: **anar als restaurants**. Other verbs can be used with or without a preposition, and in this case the verb's meaning can change slightly, as is the case with **fer (de)**. Examples: **faig molta feina** (= I do a lot of work); **faig de pagès** (= I'm working as a farm worker).
2 Sometimes you will see **per a** for **per**, especially in written texts. The **a** is usually lost in the spoken language.

Conjunctions

Note how the following conjunctions establish a relationship between sentences ('and' [**i**], 'or' [**o**], 'but' [**però**], 'then' [**doncs**], 'that' [**que**], 'because' [**perquè**]). These conjunctions have all figured prominently in previous dialogues and texts. In this dialogue, Terenci's pauses and hesitations are punctuated in his speech with the colloquial insistence upon the conjunction **però**.

No sols ... sinó que (també) ... = 'not only ... but (also)'. This is an example of a more complex conjunction, of the type more usually found in written texts or in formal speech.

The present tense: the second conjugation

The dialogue uses three verbs: **perdre** (= to lose), **saber** (= to know) and **témer** (= to fear) that belong to the small group of mainly irregular verbs that form the second conjugation (see Unit 8). As you know, this conjugation is formed by verbs with an infinitive ending in in **-re** or **-er**. In Unit 12, we also mentioned a small sub-group ending in **-endre** which has the first person ending in **-enc** (**prendre**, **aprendre**, **vendre**, **entendre**, etc.). The main thing to observe with other members of this group is that they often do not have an **-o** ending in the first person, and instead end in a consonant sound, for example: **conèixer** (= to be acquainted with, to know people) whose first person is **conec**. Remember that the most frequently used irregular verbs, like **saber**, appear in a table in the Grammar reference. Observe that the most obvious irregularity is often in the first person, as in **veure** → **veig**, and in the next dialogue **creure** (= to believe) → **crec**.

Exercise 1

Using the Language builder to help you, listen to the audio and decide which jobs fit the descriptions you hear.

1 _____
2 _____
3 _____
4 _____
5 _____
6 _____
7 _____
8 _____
9 _____

Exercise 2

Place **al**, **a** or **en** in the blank spaces as appropriate:

1 Treballo _____ una oficina de Telefònica, vaig _____ la feina cada dia.
2 Treballo _____ la televisió, sóc enginyer tècnic.
3 Faig de professor, treballo _____ una escola.

4 Visc _____ un bloc de pisos.
5 _____ la ràdio sempre passen moltes coses interessants.
6 Avui, _____ despatx, he de treballar fins molt tard.
7 Si vols, per què no quedem més tard _____ centre?

Exercise 3

Match the verbs in group A with the most likely words and phrases from group B:

Group A		Group B	
1	venc	a	en la religió islàmica
2	temen	b	el xinès
3	perdem	c	pomes
4	entenc	d	un paisatge maravellós
5	veig	e	la resposta
6	conec	f	la paciència
7	saben	g	te
8	prenc	h	les pel·lícules d'horror
9	crec	i	l'Agustí des de fa molts anys

Dialogue 2 🎧

Isabel, a social worker, and Patrícia, a younger colleague, discuss the 'generation gap'.

1 **What does Patrícia think of sharing the house with her parents?**
2 **Why does Isabel sometimes find it difficult to sleep?**
3 **How does Patrícia justify having a new car?**
4 **Who has paid for the car?**
5 **According to Patrícia, why is family so important in this society?**

ISABEL   Avui dia, la meva generació tenim una vida relativa-
            ment fàcil. La teva generació és molt diferent.
            Vosaltres teniu la necessitat constant d'activitat.
            Sempre sortiu, no sou mai a casa.

PATRÍCIA   És que jo ja tinc vint-i-set anys, jo comparteixo la casa
            amb els pares per obligació. No és fàcil.

ISABEL   Ja ho sé. És el cas de la meva filla, nosaltres no coin-
            cidim gaire a casa. Jo pateixo molt, sobretot quan surt
            amb el cotxe. A vegades no dormo perquè pateixo si
            és molt tard.

PATRÍCIA	<u>És que</u> les mares sou així. Sempre patiu.
ISABEL	És l'instint.
PATRÍCIA	<u>Jo crec que</u> els joves d'ara no tenim oportunitats. No hi ha ni feina, ni pisos pels joves: o compartim la casa amb els pares, o vivim al carrer.
ISABEL	<u>No estic d'acord.</u> Per exemple, tu no estàs tan malament. <u>Oi que</u> t'acabes de comprar un cotxe nou?
PATRÍCIA	Sí, el necessito per la feina. Sovint surto pels pobles a visitar clients.
ISABEL	<u>I com és que</u> tens diners per comprar un cotxe?
PATRÍCIA	Són diners de l'àvia.
ISABEL	Veus com els joves d'ara no esteu malament?
PATRÍCIA	<u>És que</u> en aquest país la família és el sistema de seguretat social.

Vocabulary

avui dia	nowadays
la generació	generation
relativament	relatively
la necessitat	need, necessity
constant	constant
compartir	to share
necessitar	to need

l'obligació (f.)	obligation
coincidir	to coincide, to be together
patir	to suffer
el cotxe	car
l'instint (m.)	instinct
creure	to believe
l'oportunitat (f.)	opportunity
ni ... ni ...	neither ... nor ...
el pis	apartment, flat
els diners	money
la seguretat social	social security

Culture note

Social issues

Patricia's final point relates to family arrangements and the social security system. What she says is valid for many Mediterranean societies, which are often seen to fail their young people. It is said that Catalans tend to depend more on their immediate and extended family for welfare support and career opportunities than their counterparts in northern Europe.

Language points

Useful expressions

The underlined expressions in the dialogue are particularly useful in discussions.

1 You have already heard the expression **és que**. This is very useful to introduce an explanation, and it means something like 'the fact is that ...'. An extension of this is: **i com és que ...?** meaning 'and how is it that ...?'

2 Observe two further examples of how **oi que ...?** is used:

   a To introduce questions for which a positive answer is expected, often seeking confirmation of something already known: **oi que tens un cotxe nou?** (= haven't you got a new car?).

b As a gentle way of making a request (often with the future tense): **oi que m'acompanyaràs al cine?** (= you will come to the cinema with me, won't you?).

3 **Estic d'acord** and **no estic d'acord** are ways of expressing agreement and disagreement. The expressions **hi estic d'acord** and **no hi estic d'acord** are also frequently heard. We also hear **jo crec que**, which is a strong way of introducing an opinion, meaning: 'I believe that'. Compare **creure** (= to believe) with **pensar** (= to think) and **semblar** (= to seem).

4 **A vegades** (= sometimes). **Una vegada, dues vegades, tres vegades**, etc. is the standard way of saying 'once', 'twice', 'three times'. **Moltes vegades** (= many times).

The third conjugation -eix- *verbs:* preferir 'to prefer'

This dialogue introduces more third conjugation verbs (**-ir** ending). In Unit 8 we considered the conjugation of the regular verbs. Here, we find another type of third conjugation verb, to which **compartir** ('to share'), **coincidir** ('to coincide'), **decidir** ('to decide') and **patir** ('to suffer/to worry') belong. This type of third conjugation verb differs from the rest because it introduces an **-eix-** sound, sometimes called an *increment*, before the usual endings in all persons except the first and second person plural. You are already familiar with the most commonly used member of this verb group in the first person: **prefereixo**, from **preferir**:

> **prefereixo**
> **prefereixes**
> **prefereix**
> **preferim**
> **preferiu**
> **prefereixen**

The **-eix-** verbs are wholly regular, unlike many non-incrementing **-ir** verbs, which tend to have some irregularities.

Exercise 4

Read the text of Dialogue 2 again. First, underline all the third conjugation verbs. Second, make two lists, one with non-incrementing **-ir** verbs, and one with incrementing ones.

Exercise 5

Conjugate the present tense of **patir** and **compartir**.

Exercise 6

Now complete the missing verb forms:

1 Nosaltres _____ la necessitat constant d'activitat. (tenir)
2 Jo sempre _____, no _____ mai a casa. (sortir, ser)
3 Jo i la meva germana _____ la casa amb els nostres pares per obligació. (compartir)
4 Jo _____ sortir de nit que anar a dormir. (preferir)
5 Nosaltres _____ un cotxe per anar a la feina. (compartir)
6 La Patrícia i els seus amics sempre _____ de nit. (sortir)
7 No _____ pa. A quina hora _____ el forn? (haver-hi, obrir)
8 El Pere no _____ mai. No li _____. (sortir, agradar)
9 Per què tu _____ tant? _____ a quina hora em llevo jo? A les sis del matí. (dormir, saber)
10 A casa no _____ gaire sovint amb els meus pares. _____ horaris diferents. (coincidir, treballar)
11 La meva mare _____ molt per mi. _____ que no vull treballar, però és que és molt difícil _____ feina. (patir, pensar, trobar)

Dialogue 3 🎧

During **la sobretaula** *Sr. Toda and Sr. Sugranyes discuss the situation of the Catalan language.*

What language:

1 **does Sr. Sugranyes speak with his Mallorcan work colleague?**
2 **is spoken by the employees of certain companies?**
3 **according to *La Vanguardia* newspaper is spoken mostly in the peripheral belt around Barcelona?**
4 **is spoken by young people (according to Sr. Sugranyes)?**

SUGRANYES	Miri, Sr. Toda, la llengua catalana està en una situació difícil.
TODA	Home, no sé què dir-li. Jo no hi estic d'acord. Si tenim en compte les circumstàncies, no està tan malament.
SUGRANYES	Vostè és un optimista.
TODA	Sí, jo sempre penso que el vas està mig ple.
SUGRANYES	Doncs, jo penso que està mig buit. Miri, un exemple dels problemes que tenim: el meu veí treballa amb un mallorquí i diu que no l'entén i que ha de parlar en castellà amb ell.
TODA	També hi ha empreses en aquest país on els empleats parlen anglès i no passa res.
SUGRANYES	I què em diu de la notícia de *La Vanguardia* que a la perifèria de Barcelona hi ha més gent que parla castellà que català?
TODA	Sí, però també ara hi ha més gent que és bilingüe. La majoria parla també català.
SUGRANYES	I els joves?
TODA	Què passa ara amb els joves, Sr. Sugranyes? Vostè sempre parla malament d'ells. Ja n'hi ha prou, que no és pas tan fàcil ser jove avui dia.
SUGRANYES	Que tots parlen castellà és el que passa, Sr. Toda, que els joves d'ara prefereixen el castellà. Jo pateixo molt per aquestes qüestions, Sr. Toda.
TODA	Vinga, home, vinga. No exageri, Sr. Sugranyes, vostè pren massa cafè, per què no passa a la tisana?

Vocabulary

la situació	situation
la circumstància	circumstance
optimista	optimistic
el vas	glass, cup
ple, -na	full
buit, -da	empty
el veí, **la veïna**	neighbour
el país	country
l'empleat	employee
la notícia	news item

la perifèria	periphery, outskirts
bilingüe	bilingual
la majoria	majority
prou	enough
no exageri!	don't exaggerate!
la tisana	herbal tea

Culture notes

The dialogue reflects some of the linguistic and political tensions surrounding the use of Catalan. Sr. Sugranyes says that his neighbour has difficulty in understanding the Majorcan variety of Catalan. He might be referring mainly to the pronunciation of some of the vowel sounds, some of which are different in Majorcan. There are also some differences in verb endings and vocabulary. He also refers to his own perception of the threat represented by the use of Castilian (Spanish) by young people.

It is not rare to hear aspects of language being discussed at **sobretaula**. This is an area on which a wide range of opinions are held and conversations can be lengthy. Sr. Toda mentions **les circumstàncies** which refer to the social and political situation that exists in the different areas where Catalan is spoken.

La Vanguardia is the main Castilian-language broadsheet published in Barcelona. The most prominent Catalan-language newspaper is *Avui* (www.avui.es). There is also a very successful paper published in both languages called *El Periódico de Catalunya* (www. elperiodico.es). *El Diari de Barcelona* is only published online (www.diaridebarcelona.com). Also of interest are the independent *El Punt* (www.vilaweb.com) and *TV3* online (www.tvcatalunya. com). A number of Catalan radio stations can also be found on the net.

Language points

Tan *and* tant

In this dialogue we have heard again the use of **tan**, meaning 'so'/ 'as', as in **no està tan malament** (= it isn't so bad); it is an adverb and therefore its ending will never change. In Dialogue 1, we heard the use of **tant**, in **anar tant als restaurants no és bo per l'úlcera**, which has the same pronunciation and means 'so much'. **Tant** can be used as an adjective and therefore has feminine and plural endings: **tant, tanta, tants, tantes** and can mean 'so much' and 'so many'. For example: **tantes sorpreses no són bones per la salut** (= so many surprises are not good for your health).

The use of pas

In **no és pas tan fàcil ser jove avui dia** (= it is not at all easy to be young these days) we hear another example of **tan**, but there is also an example of a construction that is not uncommon in Catalan: **no ... pas**. This is an idiomatic way of adding emphasis to a negative statement. Another example is: **no m'agrada pas treballar**.

The use of prou

The phrase **ja n'hi ha prou** combines four elements, all of which we have met before apart from **prou**, which is introduced here for the first time. The basic meaning of the statement is 'that's enough'. The individual elements that make up this expression are: **ja** meaning 'already', **n'(en)** meaning 'of it' and **hi ha** meaning 'there is'. **Prou** on its own is a simple and effective way of expressing 'enough'.

The use of estar

Note that the first exchanges in this dialogue contain several examples of how **estar** is used to express the idea of 'to be' to refer to states likely to change or the result of change:

TODA   Home, no sé què dir-li. Jo no hi estic d'acord. Si tenim
            en compte les circumstàncies, no està tan malament.
SUGRANYES   Vostè és un optimista.
TODA   Sí, jo sempre penso que el vas està mig ple.

És is used, however, in **vostè és un optimista**, because it expresses an inherent characteristic.

Exercise 7

Identify which phrases used in Dialogue 3 mean the following:

1 There are more people who are bilingual.
2 Don't exaggerate!
3 I always think that the glass is half full.
4 I disagree.
5 Well then, I don't know what to say.
6 I worry a lot about these matters.
7 Why don't you change to herbal tea?

Exercise 8

Now take part in this conversation with your friend Jordi about his experience as an agricultural worker. Use the words and phrases in the Language builder to help you.

YOU	Ask: *You do like the job, don't you?*
JORDI	Sí m'agrada molt, però només fa dos mesos que faig de pagès.
YOU	Ask: *Why do you like it?*
JORDI	És que és una feina tranquil·la. Jo crec que és bo treballar a l'aire lliure, és més saludable. A tu què et sembla?
YOU	Say: *I don't agree. I prefer to work in an office.*
JORDI	Ah, doncs, prefereixes l'estrès de la ciutat; estar tot el dia tancat a l'oficina?
YOU	Say: *The thing is that I like to work with a lot of people and to go to the restaurant to have lunch. Eating in restaurants is healthy, isn't it?*
JORDI	Va, home, va! No exageris! Saludable per l'úlcera!
YOU	Ask: *And how is it that you have come to Barcelona?*
JORDI	He vingut a veure el mecànic perquè tinc problemes amb el cotxe.
YOU	Ask: *Is it that there are no mechanics in the village?*
JORDI	És clar que n'hi ha. Però necessito un especialista.

Language builder: work and professions

Asking what someone's job is: *Answering:*

Quina és la seva professió?	**Sóc enginyer** = I am an engineer
A què es dedica?	**Treballo d'arquitecte**
	= I work as an architect
Quina feina fas?	**Jo no treballo** = I don't work
On treballes?	**Sóc jubilat** = I am retired
Quant fa que treballes de . . .?	**Estic a l'atur** = I am unemployed

Professions

Masculine	Feminine	English
l'actor	**l'actriu**	actor
l'arquitecte	**l'arquitecta**	architect
el botiguer	**la botiguera**	shopkeeper
el cuiner	**la cuinera**	chef
l'empresari	**l'empresària**	businessman/woman
l'infermer	**la infermera**	nurse
el metge	**la metgessa**	doctor
el mecànic	**la mecànic**	mechanic
el pagès	**la pagesa**	agricultural worker
el periodista	**la periodista**	journalist
el professor	**la professora**	teacher
el traductor	**la traductora**	translator

16 Què vas fer?

What did you do?

In this unit you will learn about:

- Referring to past actions and previous experience
- Communicating ideas in writing
- The preterite tense
- The imperfect tense
- Combining the preterite and the imperfect

Text 1

Sra. Victòria Rilska is writing to Sra. Isabel Muntaner responding to a request for further information about her previous work experience:

- **Before looking at the vocabulary, answer the following questions:**

  1 **What is the purpose of Victòria's letter?**
  2 **What is her profession?**
  3 **What important event in her personal life took place in London?**
  4 **Why does she want to live in Catalonia?**

Sra. Victòria Rilska
1 Buckingham Gardens
South Kensington
London SW1 1XX

Sra. Isabel Muntaner,
Fòrum Periodístic Català,
C/Sicília, 239, 2n, 1a.

Londres, 6 de setembre de 2005

Distingida senyora,

Li escric aquesta carta perquè vostè em va demanar informació sobre la meva experiència laboral. Vaig néixer a Bulgària i vaig estudiar periodisme a la universitat de Sòfia. Vaig començar a treballar de periodista en un important diari búlgar (*Trud*), l'any 1975. Cinc anys després, vaig passar a ser la corresponsal a Londres. A Anglaterra vaig conèixer el meu marit, també periodista. És fill de catalans, els seus pares van anar a viure a Anglaterra al final de la Guerra Civil espanyola, l'any 1939, i l'any passat ell va començar a treballar amb una empresa financera a Barcelona. Vam començar a passar temporades llargues a Barcelona i finalment vam decidir quedar-nos a viure aquí. És per això que li vaig escriure el mes passat per demanar feina i li agraeixo molt la seva amable resposta.

Atentament,

Victòria Rilska

P.D. Adjunt li envio el meu currículum.

Vocabulary

distingit, -ida	dear (formal)
la carta	letter
laboral	work (related)
néixer	to be born
el diari	newspaper
el/la corresponsal	correspondent
Londres	London
Anglaterra	England
financer, -a	financial
la temporada	period (of time), season
quedar-se	to stay
escriure	to write
agrair	to thank for, to be grateful for
atentament	yours sincerely (formal)
adjunt	attached, enclosed
el currículum	CV, résumé

Culture note

There are no major differences between letter writing in English and Catalan. One minor difference is the way the date is written with the name of the place followed by a comma and the day, month (with no capital letter) and the year. It can be placed above or below the main body of the letter. **P.D.** is used as an equivalent to 'P.S.', which is also an alternative. **Distingit, -ida** and **Atentament** are formal ways of saying 'Dear' and 'Yours sincerely' in a letter. We have already seen **estimat, -da** and **una abraçada** for beginning and ending more informal letters to friends. Another common way of ending a letter is **Ben cordialment** (= Yours sincerely).

Language points

The preterite tense 2: the auxiliary form of anar

When the preterite was introduced in Unit 12, we learnt that it is formed by placing an auxiliary before the infinitive. The forms of the auxiliary: **vaig, vas, va, <u>vam</u>, <u>vau</u>, van**, coincide in part with the present tense of **anar** (**vaig, vas, va, <u>anem</u>, <u>aneu</u>, van**). Consider the difference, then, between **vaig menjar** (= I ate) and **vaig a menjar** (= I am going to eat), where we see an instance of the preterite in the first example, and the verb **anar** followed by **a** + infinitive in the second example. Consider two further examples:

1 **Va treballar en una empresa americana** (= he worked in an American company) and: **va a treballar a les sis** (= he goes to work at six o'clock).
2 **Vam treballar per un diari japonès** (= we worked for a Japanese newspaper) and **anem a treballar a les sis** (= we go to work at six o'clock).

Note that the first phrase of each pair contains the auxiliary used to form the preterite, and that the second phrase of each pair contains the present tense of the verb **anar** proper.

Uses of the preterite

1 As you know, the preterite refers to single actions completed in the past *before today*. For example: **van comprar entrepans** (= they bought sandwiches); **va sol·licitar una feina de cambrer en un restaurant molt bo** (= he applied for a job as a waiter in a very good restaurant).

2 Events viewed as over and done with and completed (or periods of one's life looked back upon as single events, as we see in the letter) are also referred to in the preterite: **vaig estudiar periodisme a la universitat de Sòfia** (= I studied journalism at Sofia university); **a Anglaterra vaig conèixer la meva dona** (= I met my wife in England).

3 The preterite is also used when describing sequences of events. For example: **va telefonar a la secretària i li va preguntar el nom del director de recursos humans, després va escriure una carta per sol·licitar la feina d'administratiu** (= he phoned the secretary and asked for the name of the human resources manager, then he wrote a letter to apply for a job in administration).

Exercise 1

Write the appropriate form of the preterite auxiliary verb in the following letter written by an employee, who has been asked to give an explanation for his absence when he had to take his wife to hospital.

> Vostè em _____ demanar una explicació, jo no _____ fer res per a merèixer aquest tractament per part de l'empresa. És veritat que jo no _____ venir a la feina aquell dia. La meva dona _____ tenir un accident molt important. A les nou del matí, jo _____ haver de portar-la a l'hospital de Sant Pau. Els metges _____ ser fantàstics i _____ solucionar el problema ràpidament, però jo _____ haver d'estar amb ella moltes hores i no _____ poder anar a treballar. Ho sento molt.

Exercise 2

Fill in the gaps with the appropriate preterite form of the verb in brackets:

1 Jo _____ (viure) tres anys a Vila-real.
2 Ahir, el Marc i jo _____ (escriure) una carta als nostres pares.
3 La Maria _____ (dir) que no a la segona cervesa.
4 Els parlamentaris _____ (expressar) la seva opinió enèrgicament.
5 Vosaltres _____ (sortir) ahir a la nit?
6 La Teresa i l'Ernest _____ (anar) a una festa. Diuen que _____ (ser) molt divertida.

Exercise 3

Complete the following sentences, observing the difference between **vaig** and **vaig a**:

1 L'any passat, _____ (escriure) moltes cartes als meus amics.
2 Ara, _____ (escriure) una carta a la meva mare.
3 Ara, _____ (visitar) la Marta a l'hospital, ja fa dies que hi és.
4 Ahir, _____ (visitar) la catedral de Tarragona.
5 Dimarts passat, _____ (sopar) a Can Pepis.
6 Aquest vespre, _____ (sopar) a Can Pepis.

Dialogue 1 🎧

Now listen to this short extract of an interview between Sra. Muntaner and Victòria Rilska about what she used to do when she was in her native Bulgaria.

SRA. MUNTANER   Què <u>feia</u> vostè quan <u>era</u> a Bulgària?

VICTÒRIA   De jove jo era atleta, <u>corria</u> els vuit-cents metres. <u>Prometia</u> molt. Fins i tot els meus pares <u>pensaven</u> que seria una atleta professional. Per això jo <u>treballava</u> a la secció d'esports del diari. <u>Era</u> responsable del tennis i l'atletisme. <u>M'enviaven</u> a tots els campionats internacionals i m'ho <u>passava</u> molt bé, però <u>estava</u> sempre molt estressada i <u>guanyava</u> molt poc. Per això vam anar a Londres. Allà <u>guanyàvem</u> molts diners, però <u>era</u> una vida molt frenètica. Ara volem una vida més sedentària.

Vocabulary

l'atleta (m./f.)	athlete
córrer	to run
prometre	to promise
seria	I would be
enviar	to send
el campionat	championship
estressat, -da	stressed
frenètic, -a	frantic
sedentari, -ària	sedentary

Language point

Formation of the imperfect

The imperfect tense has two sets of endings.

First conjugation **-ar** verbs add the following endings to the stem: **-ava**, **-aves**, **-ava**, **-àvem**, **-àveu**, **-aven**. For example, the imperfect of **parlar** is: **parlava**, **parlaves**, **parlava**, **parlàvem**, **parlàveu**, **parlaven**.

Second and third conjugation verbs form the imperfect with: **-ia**, **-ies**, **-ia**, **-íem**, **-íeu**, **-ien**. There are few irregularities if one considers that the stem used to form the imperfect is the same as the first person plural of the present. So: **prendre** → **pren-em** → **prenia**; **beure** → **bev-em** → **bevia**, etc. For example, the imperfect tense of **perdre** is: **perdia**, **perdies**, **perdia**, **perdíem**, **perdíeu**, **perdien**.

The main exception is **ser**, which has a completely different form: **era**, **eres**, **era**, **érem**, **éreu**, **eren**. Another exception is **fer**, which retains **fe-** as the stem and adds regular endings, but with the stress on the stem **fe-** and not on the ending -**ia** as in **prenia**: **fe̲ia**, **fe̲ies**, **fe̲ia**, **fèiem**, **fè̲ieu**, **fe̲ien**. There is a small group of verbs that follows this model, like **dir** (**deia** etc.) and **creure** (**creia** etc.).

Uses of the imperfect

The imperfect refers to past events extended in time. It has two main uses:

1 To express something that was going on for a period of time, as in the dialogue: què **feia** vostè quan **era** a Bulgària? (= what were you doing when you were in Bulgaria?). It often combines with the preterite to express what was going on when something else happened. Consider: **mirava la tele, quan la Maria va arribar** (= I **was** watch**ing** television, when Maria arrived). As in this case, the imperfect often corresponds to 'was' + -*ing* ending in English.

2 The imperfect is also used to refer to habitual actions in the past, in which it corresponds to English constructions with 'used to'. Consider: **quan era jove, jugava a tennis amb el meu germà cada dia** (= when I was young, I used to play tennis with my brother every day).

An interesting feature of this dialogue is **seria** (= I would be). Although this looks like an imperfect it is actually the conditional tense of **ser.** The conditional will be introduced in Unit 18 but you may want to keep this similarity in mind for later.

Exercise 4

Fill in the appropriate imperfect forms of the verbs in brackets in the following sentences:

1 Fa sis anys, el Liam i jo _____ (viure) a Liverpool.
2 Quan l'Oriol i el Manuel _____ (ser) joves, _____ (anar) sovint a la discoteca.
3 Tres o quatre vegades a la setmana, el Pere _____ (passejar) per la platja.
4 Quan vaig arribar a casa seva, l'Albert _____ (llegir) el diari.
5 Aquell dia, què _____ (fer) vostè?
6 Quan et vaig telefonar, _____ (estar) dormint?

Exercise 5

Fill in the appropriate imperfect forms:

Quan tenia set anys, jo _____ (viure) al barri de Gràcia. Cada dia _____ (anar) al col·legi local. _____ (agradar-se) molt jugar amb els amics. Els meus amics i jo _____ (fer) moltes coses. La meva activitat preferida _____ (ser) pintar. Les activitats creatives i els esports _____ (ser) fàcils. Però jo _____ (tenir) moltes dificultats per

aprendre les matemàtiques. En canvi, el meu millor amic, el Carles,
_____ (aprendre) matemàtiques sense cap dificultat.

Text 2

*James writes to his friend Màrius telling him about the year he spent
studying in Barcelona.*

1 **How did James make a living during his year in Barcelona?**
2 **Why was he offered work as a model?**
3 **What did he do with the money he was earning?**
4 **What was the final outcome of his experience?**

Ei, Màrius!

Em preguntes com va anar per Barcelona l'any passat i què vaig
fer? Cada dia anava a classes de català a la universitat. Feia
mòduls de filologia catalana. Era difícil però interessant i útil
per mi. Per guanyar-me la vida donava classes d'anglès en una
acadèmia. Compartia el pis amb quatre mallorquins. Ens ho
passàvem molt bé i rèiem molt, eren uns tios collonuts.

Un dia jo anava pel carrer tranquil·lament, quan de sobte un
home em va preguntar si volia fer de model. Jo em pensava que
ho deia de conya, però ell va insistir, em va dir que em
semblava al David Beckham (quin fàstic!) i vaig acceptar perquè
pagaven molt bé. Pagaven mil euros per sessió, no està mal, oi
que no? No vaig dubtar gaire.

Amb els diners vaig comprar un cotxe de segona mà i vaig
viatjar per tota Espanya. Quin viatge, tio! Vaig visitar uns
amics al País Basc i vam anar d'escalada als *Picos de Europa*.
Era la bona vida, fins que es van acabar els diners i quan vaig
anar a veure el tio de las fotos . . . havia desaparegut! Total,
que tinc un deute com una catedral. Vaig tornar a Escòcia i

estic treballant dia i nit per pagar els deutes que tinc amb el banc i les targetes de crèdit. Estic desesperat! Ara he de treballar, però aviat ho arreglaré tot. Prou, que he d'anar a dormir.

Una abraçada,

James

Vocabulary

cada	each, every
el mòdul	module
la filologia	study of language
guanyar-se la vida	to earn a living
donar classes	to teach
l'acadèmia (f.)	private (language) school
riure	to laugh
collonut, -da	great
de sobte	all of a sudden
de conya	kidding
semblar-se a	to look like
quin fàstic!	how revolting!
pagar	to pay
dubtar	to doubt
de segona mà	second-hand
viatjar	to travel
el viatge	journey
escalada	rock climbing
desaparèixer	to disappear
el deute	debt
la targeta de crèdit	credit card
desesperat, -ada	desperate
arreglar	to sort things out, to mend

Culture note

This is an example of an informal style, with words of widespread use but of informal register, some of which have appeared before, like **tio**, and some of which are slightly vulgar, like **collonut** and **de conya**.

Language points

Riure is irregular in its stem: **reia, reies, reia, rèiem, rèieu, reien**.

In the first few lines James uses mainly the imperfect, referring to things he was habitually doing (the things that he 'used to do' or 'was doing' while he was in Barcelona). But when he starts telling the story about being given work as a model, James switches to the preterite, because the emphasis is now on a sequence of events. In **havia desaparegut** (= he had disappeared) we hear an example of the *pluperfect* tense, used for things that had happened before an action in the past tense. It is formed with the imperfect of **haver** and the past participle used to form the perfect tense.

In **guanyar-se la vida** we see the verb **guanyar** 'to gain', 'to win' used as a reflexive: 'to earn one's (own) living'.

As we have already seen, the phrase **passar-s'ho bé** combines a reflexive verb, **passar-se** 'to pass one's time', with **ho** 'it'. There isn't really an English equivalent for the use of **ho** in this case. As you will gather from the frequency with which this pronoun is used in Catalan, **ho** plays a very important role. It usually stands for an idea already mentioned rather than for a specific noun. Its meaning corresponds to 'it' (= this, that), although this does not always figure in translation: **no ho sé** – 'I don't know (it)', **ho sento** = 'I'm sorry (about it)', or in **passar-s'ho bé** = 'to have a good time (of it)'. Remember that the pronoun goes before the verb, except after an infinitive or command form.

Exercise 6

Text 2 uses a range of tenses. Answer the following two questions about Text 2:

1 What are the two main tenses used?
2 Identify three other tenses used in the text.

Exercise 7 🎧

Listen to the two alternative summaries of Victòria's life. Which one is closest to her experience as described in Text 1?

Exercise 8 🎧

Which words or expressions that appear in Text 2 correspond to the five definitions you hear on the audio?

Exercise 9

Take Ramon's part in this conversation with his friend Mateu, who is asking him about what he did in New York.

MATEU	Què feies a Nova York?
RAMON	Say: *I was studying English and I was working in a restaurant to make a living.*
MATEU	I com va anar? T'ho vas passar bé?
RAMON	Say: *Every day I used to get up at six o'clock because I lived far away from the university. At one o'clock I used to go to work in the restaurant. It was a difficult life.*
MATEU	I no et va passar res interessant?
RAMON	Say: *Well, yes. Yes, one day, while I was studying at home a friend of a Catalan friend phoned me and said: 'I have to go to Japan for six months. I need a person to live in my apartment near the university'.*
MATEU	Òndia, tio! Quina sort!
RAMON	Say: *Yes, and every month he paid me 1,000 dollars.*
MATEU	Que ho dius de conya?
RAMON	Say: *No, and with the money I bought a second-hand car and I travelled to many interesting places of the United States.*

17 Quin temps farà?

What will the weather be like?

In this unit you will learn about:

- Discussing leisure activities
- Reaching agreement
- Understanding weather forecasts
- Catalan radio
- The future tense
- Exclamations
- Weather and traffic expressions

Dialogue 1 🎧

Felip and Teresa discuss their holiday plans.

1 How many days will they spend on the Costa Brava?
2 Can you identify two activities Teresa will be doing?

FELIP   Quants dies passarem junts a la Costa Brava?
TERESA   De dimarts a diumenge. A veure, dimarts, dimecres, dijous, divendres, dissabte, diumenge . . . cinc dies.
FELIP   Cinc dies? Em sembla que t'equivoques? No són sis?
TERESA   Ai, tens raó!
FELIP   I què farem?
TERESA   Jo faré moltes coses. Aniré a la platja, prendré el sol, passejaré, nadaré al mar, caminaré per la costa, visitaré el Museu Dalí potser, sortiré . . . Tu no ho sé. Què faràs?
FELIP   Jo vull estar sempre amb tu.

TERESA Que romàntic, encara m'estimes? Però, que no em deixaràs mai tranquil·la? Ai, ai, ai, ja veig que seràs un pesat durant totes les vacances.

Vocabulary

junt, -a	together
equivocar-se	to be mistaken
la platja	beach
prendre el sol	to sunbathe
nadar	to swim
caminar	to walk
el museu	museum
estimar	to love
ser un pesat	to be a nuisance

Culture note

Away from Barcelona

The **Costa Brava** (literally: 'wild coast') refers to the stretch of Catalan coastline running roughly from the French border to the seaside town of Blanes, approximately 100km north of Barcelona (see www.costabrava.org).

Language point

Useful expressions

This dialogue introduces two verbs useful for discussion and reaching agreement:

1 **Equivocar-se** (= to make a mistake), which works as a reflexive.
2 **Tenir raó** (= to be right), a way of conceding an argument (as in the dialogue). It can also be used to indicate agreement, as in **tens raó**, or simply to state that one is right: **em sembla que tinc raó** (= I believe I am right).

Deixar is, like **tenir** and **quedar**, a verb of many uses. In this case in **deixar tranquil·la** (= to leave alone, to leave in peace) it appears with one of its main meanings: 'to leave'.

The future tense 2

As we have seen in Unit 13, the future tense is straightforward to form in all three conjugations, which take the same endings. In the dialogue we hear the third conjugation **sortir** which takes the same endings as the model **passar** (**sortir-é, sortir-às, sortir-à, sortir-em, sortir-eu, sortir-an**). Note how second conjugation verbs like **prendre** replace the final **e** with the standard set of endings (**prendré, prendràs, prendrà, prendrem, prendreu, prendran**).

Several verbs change their stem slightly to form the future tense:

> **fer** → **faré** etc.
> **anar** → **aniré** etc.
> **tenir** → **tindré** etc.
> **venir** → **vindré** etc.
> **voler** → **voldré** etc.
> **poder** → **podré** etc.
> **valer** → **valdré** etc.
> **saber** → **sabré** etc.
> **haver** → **hauré** etc.

Exclamations

Exclamations are a very common feature of Catalan. Note here the difference between the two uses of **ai** in this dialogue. The first **ai!** expresses awareness of having made a mistake and implies apology. The repetition **ai, ai, ai** towards the end of the dialogue is used to gently admonish and express mild concern. Listen carefully to the difference in intonation.

Other common exclamations are: **ei!, ep!, ui!, apa!, au!, vinga!, que difícil!, quina sorpresa!** (see Grammar reference). Their meaning depends very much on context and intonation. It takes time to know how to use them. At this stage it is useful to recognise them and to be aware of their function when you hear them; in time you will incorporate them into your own sentences.

Exercise 1

Complete the appropriate future forms of the verbs in brackets in this postcard that Marta sent Rachel:

Estimada Rachel,

Gràcies pel teu missatge. _____ (I will arrive) a l'estació a les onze.
Primer, _____ (we will go) al nostre poble.
Després, _____ (we will have lunch) al restaurant del meu oncle.
A la tarda, _____ (I will work) per dues o tres hores i mentre jo estic
treballant, tu _____ (you will visit) el poble. Fins molt aviat!

Ben cordialment,
Marta

Exercise 2

First, listen to the questions on the audio and then put the verbs in
italics into the future form according to the questions you hear.

1 *Dormir. Sortir* a passejar per la platja i *prendre* el sol.
2 *Caminar* per la muntanya.
3 *Anar* a Montjuïc.
4 *Sortir* i *tornar* molt tard.
5 *Estudiar* informàtica a la universitat.
6 *Viatjar* a Dublin i *passar* l'any a Irlanda.
7 *Poder* venir demà.
8 No sé quan ho *saber*.

Dialogue 2

Rachel and Joan are planning a weekend in Barcelona.

1 **Name two of the activities Rachel and Joan plan to do during
the weekend if the weather is good.**
2 **Recognise four of the places mentioned.**

JOAN   Què farem el cap de setmana?
RACHEL   Depèn del temps. Que saps quin temps farà? Si fa bo
            el dissabte al matí visitarem la Barceloneta i el port.

JOAN	Em sembla que a la ràdio han dit que farà bon temps. Per tant que sí que podrem anar a la Barceloneta al matí. I a la tarda què vols fer?
RACHEL	A la tarda, llogarem una bicicleta i pujarem a Montjuïc, visitarem el jardí botànic i baixarem al vespre. Portarem entrepans.
JOAN	Portaràs motxilla?
RACHEL	Sí, home.
JOAN	I el diumenge?
RACHEL	Agafarem el tren i anirem d'excursió a la muntanya.
JOAN	A on? Al Pirineu?
RACHEL	No, és una mica lluny . . . Montserrat és més a prop. Hi ha excursions molt maques.

Vocabulary

el port	harbour, port
llogar	to hire, to rent
per tant	therefore
pujar	to go up, to get on
la motxilla	rucksack

el jardí botànic   botanical gardens
baixar   to go down, to get off
l'excursió (f.)   excursion

Culture note

La Barceloneta and Montjuïc

La Barceloneta is Barcelona's fishing village, not far from the city centre, next to the harbour on the north side. On the south is the hill of **Montjuïc**, Barcelona's biggest recreation area with museums, galleries and many sports facilities built for the Olympic Games (1992).

Montserrat

The 'serrated mountain' (1,236m) is the setting of Catalonia's holiest place, the Monastery of Montserrat. **El Pirineu** is the Pyrenees. **Anar d'excursió** (= mountain walking) is an important part of Catalan life, as can be judged by the number of **centres excursionistes** (= mountain walking clubs). The **excursionista** movement played an important role during the years of Franco's dictatorship (1939–75) in preserving national identity.

Language point

Weather expressions

The standard way of asking about the weather is: **quin temps fa?/va fer?/farà?** You can check the standard replies in the Language builder. Most are expressions with **fer**, as in: **fa bo** (= it is nice) and **fa calor** (= it is hot). Some use **hi ha**: **hi ha núvols** (= there are clouds). The verbs **ploure** (= to rain) and **nevar** (= to snow) stand on their own: **plou** or **està plovent** (= it is raining), **neva** or **està nevant**. The word for rain is **la pluja** and the word for snow is **la neu**.

Exercise 3

Use the verb forms in the box to complete this weather forecast:

Ahir, _____ un dia espectacular amb un cel molt clar i una temperatura molt agradable. Avui, també _____ molt bon temps, no _____ núvols en cap lloc de Catalunya. Demà, una altra vegada _____ sol i calor. Però, aquest temps ja s'acaba i la setmana que ve, _____ del nord canvis climatològics importants. Repetim: hi haurà canvis importantíssims. En primer lloc, _____ un vent fred del nord-est amb velocitats d'entre 75 i 100 kilòmetres per hora i després _____ intensament a tot el país i _____ a les muntanyes de més de mil metres.

> **farà   plourà   arribaran   arribarà**
>
> **va ser   nevarà   hi haurà   farà**

Exercise 4

Take the part of Gregori in this conversation with a fellow student, Alba:

ALBA	Què faràs avui?
GREGORI	Say: *I will go on a walk in the mountains.*
ALBA	Amb qui aniràs?
GREGORI	Say: *I will go (there) with two friends.* (Use *hi*).
ALBA	I a la tarda tornareu a Barcelona?
GREGORI	Say: *Yes, we will return to Barcelona at 5:30pm.*
ALBA	I què faràs demà?
GREGORI	Say: *I don't know.* Say: *I don't think I will do anything.*
ALBA	Per què no quedem a la Vila Olímpica?
GREGORI	Say: *It seems like a good idea.*
ALBA	Aprofitem que farà bon temps. A més a més ja s'acaben les vacances.
GREGORI	Say: *I think you are wrong. We still have two weeks, haven't we?*
ALBA	No, les classes començaran dilluns.
GREGORI	Say: *You are right! Well then, we will have to do many things in one week. How difficult!*

Text 1

Read the newspaper's weather forecast (**el pronòstic del temps**).

PRONOSTIC DEL TEMPS

SERA UN DIA marcat per les pluges. Afectaran qualsevol punt de Catalunya al llarg del dia, però sobretot el litoral i prelitoral. Seran localment d'intensitat forta, amb tempesta i es podran acumular quantitats molt abundants, preferentment a la meitat est del Principat. A les Illes Balears, tres quarts del mateix, hi haurà pluges intenses però més intermitents. Al País Valencià la nuvolositat serà molt abundant, principalment en la meitat nord, on les pluges puntualment fortes també faran acte de presència. Les temperatures es mantindran sense grans canvis. Els vents del nord-est i de l'est bufaran moderats amb ratxes fortes.

Per a més informació: www.meteocat.com

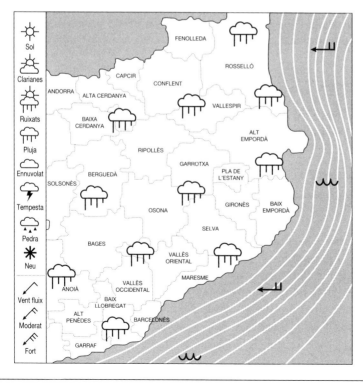

Vocabulary

qualsevol	any
el litoral	coast
la tempesta	storm
la meitat	half
el Principat	Principality (= Catalonia)
mateix, -a	same
la nuvolositat	cloud
puntualment	locally
mantenir	to maintain
bufar	to blow
la ratxa	gust

Language point

Note that verbs that are compounds, like **mantenir**, conjugate like their main verb, in this case **tenir**. Similarly: **prendre**, **aprendre**, **comprendre**, etc.

Exercise 5

Now listen to an alternative version of this broadcast and identify the main discrepancies.

Exercise 6

Translate the following note:

Eduard says that the weather will be good this weekend. Finally, I will be able to go to the beach, I will sunbathe and visit my friends who live nearby. If you want, next week, we can go on an excursion to Montserrat. I like Montserrat because the mountains are spectacular and the climbing is excellent, but last time that I went there (use **hi**), it snowed and it was very cold. Why don't we arrange to meet on Sunday evening and we will discuss it (use **ho**)?

Exercise 7 🎧

Listen to this radio programme which includes the weather and the state of the roads. The places mentioned at the beginning of this broadcast are three **comarques**, the geographical divisions of Catalonia. **El Gironès** is around Girona, **el Barcelonès** around Barcelona and **el Maresme** is the coastal area between them (see page 209). **C33** is the code for one of the roads near **Montcada**, not far from Barcelona. **A2** is the name of a motorway.

Answer the following comprehension questions:

1 What has been the main problem in the comarca el Maresme? And in el Barcelonès?
2 What will the weather be like on Sunday?
3 Where has an accident just taken place?
4 Where is circulation slow?
5 What is the traffic like on Barcelona's two ring roads?

Vocabulary

els baixos comercials	ground floor shops
apartar	to put to one side
tenir lloc	to take place
lent, -a	slow
fluid, -a	free-flowing
a l'altura de	near

Exercise 8

If you have access to the internet you may want to find out what the weather will be like tomorrow. Do this using www.meteocat.com or another Catalan weather service.

Language builder

Weather expressions

quin temps fa?	what is the weather like?
el pronòstic del temps	weather forecast
fa bo	it is nice
fa bon temps	it is nice weather

fa fred	it is cold
fa calor	it is hot
fa vent	it is windy
fa sol	it is sunny
hi ha boira	it is foggy
hi ha núvols	there are clouds
hi ha humitat	it is humid
plou	it rains
està plovent	it is raining
neva	it snows
està nevant	it is snowing
el temporal	storm
la inundació	flood
el nord	north
el sud	south
l'est (m.)	east
l'oest (m.)	west

Traffic and roads

l'estat de les carreteres	road watch
la situació del trànsit	traffic watch
l'aparcament (m.)	car park
la carretera	road
el trànsit	traffic
el carril	traffic lane
la retenció	hold up
la circulació	traffic
l'autopista	motorway
l'enllaç (m.)	link
el cinturó	belt
el cinturó del litoral	coastal ring-road
el cinturó de ronda	orbital ring-road
els bombers	firemen
la policia	police
els mossos d'esquadra	Catalan police

18 Em podria donar informació?

Could you give me some information, please?

In this unit you will learn about:
- Asking for advice
- Using the telephone
- Information services
- The conditional
- **Voler** and **poder** + infinitive

Dialogue 1

John has just arrived in Girona and is looking for a well-priced hotel in the centre of town. He goes to the Tourist Office to find out about choices of accommodation.

JOHN	Busco allotjament aquí a Girona, <u>em</u> podria donar informació, sisplau?
EMPLEAT	Quin tipus d'hotel busca: hotel de dues estrelles, hostals, pensions, albergs?
JOHN	Pot recomanar-<u>me</u> un hostal cèntric?
EMPLEAT	Quantes nits vol quedar-se?
JOHN	Voldria passar dues nits. Aquesta nit i demà.
EMPLEAT	Miri, <u>li</u> donaré una llista d'hotels econòmics que li pot servir. També li puc donar un mapa per localitzar-<u>los</u> i un fullet informatiu d'activitats culturals i espectacles. Va amb cotxe o a peu?
JOHN	Vaig a peu.

EMPLEAT   Molt bé, tots els hotels són molt a prop, però jo li recomano que vagi de pressa, perquè demà comença la Festa Major, i són hotels petits, podrien estar tots plens.

JOHN   Podria trucar des d'aquí?

EMPLEAT   Sí, sí, és millor, s'estalviaria temps. Faci servir el meu telèfon.

Vocabulary

buscar	to look for
l'allotjament (m.)	accommodation
donar	to give
el mapa	map
el fullet	leaflet
l'estrella (f.)	star
de pressa	quickly
la festa major	local patron saint's festival
estalviar	to save
estalviar-se temps	to save oneself time
fer servir	to make use of

Culture note

Types of accommodation

There are different types of **allotjament** (m.) (= accommodation).
Un hotel tends to be at the top end of the quality and price
range, **un hostal** should be mid-range and **una pensió** tends to
be the cheapest option. More specialised are **l'alberg (de joventut)**
(= youth hostel), **cases fonda** (simple country hotels offering
regional cuisine) and **cases de pagès** or **cases rurals** (rural B&Bs).
There is a star-rating system on a blue plaque near the entrance.

Language points

The conditional

The conditional uses the same stems as the future. The two tenses
are very similar, and verbs that are irregular in one tense are irreg-
ular in the other. All verbs have the same endings: **-ia**, **-ies**, **-ia**,
-íem, **-íeu**, **-ien** (as you will remember, these are the same as the
imperfect endings of second and third conjugation verbs).

The conditional is used very much as the English 'could' or
'would'. Consider:

Podria recomanar-me un hostal cèntric?
(= Could you recommend an *hostal* in the centre of town?)

Podria recomanar-me un itinerari?
(= could you recommend an itinerary?)

Voldria llogar una habitació en una casa particular
(= I would like to rent a room in a private house).

Weak pronouns 6: position of object pronouns

In this dialogue we hear how **em** can be used before or after the
combination verb + infinitive: **em podria donar** and **pot recomanar-
me**. In both these cases **em** is an indirect object pronoun. Both posi-
tions are normal and the speaker could just as well have said
instead: **podria donar-me** or **em pot recomanar**. Another new form

of the object pronoun appears in **localitzar-los** (= to find/locate them). **Los** refers to **hotels** and is a direct object.

Notice also the abundant use of **li** as a third person indirect object pronoun (**li donaré**, **li puc donar**, etc.) in this dialogue, emphasising the deferential treatment of the enquirer. Refer to the Grammar reference for a full table of weak object pronouns in the singular and plural.

Exercise 1 🎧

Match these answers to the questions on the audio.

a   Sí, aquí en tenim un de molt clar.
b   Jo li recomanaria l'Hotel Miramar, és clar.
c   Sí, al final del carrer hi una oficina on en lloguen.
d   No, ho sento, no és public. Vagi a la cabina.
e   Jo, jo no ho sé. Però si vol, telefoni al 010, ells ho saben.
f   Doncs, agafin un fullet informatiu.

Dialogue 2 🎧

Liam is asking about Catalan courses in Barcelona.

Spot the Catalan version of the following phrases, and write them down:

1 Could you tell me where there are Catalan courses?
2 Can I ask you something else?

010	010, servei d'informació ciutadana, digui?
LIAM	Hola bon dia. <u>Em</u> podria dir on hi ha cursos de català a Barcelona?
010	Podria esperar un moment, que consultaré la base de dades? Té accés a l'internet?
LIAM	A casa no, però aniré a un cibercafè.
010	Molt bé, apunti: www.bcn.es/diversa/apendre/cat.
LIAM	Voldria saber si hi ha altres possibilitats.
010	Doncs podria anar directament a l'Escola Oficial d'Idiomes, a la Rambla santa Mònica, metro Drassanes.
LIAM	Escolti, i <u>li</u> puc preguntar una altra cosa? Emm ... És una pregunta una mica estúpida.

010	I ara! Digui, digui.
LIAM	Escolti, on podria comprar una samarreta del Barça?
010	Per què no va a les botigues del Barça? N'hi ha moltes.
LIAM	Sí, però és que són una mica cares. Hi ha algun lloc on són més barates?
010	Potser hauria de mirar a la Barceloneta. Potser allà les trobarà més bé de preu.

Vocabulary

el curs	course
consultar	to consult
la base de dades	database
apuntar	to note down
directament	directly
I ara!	of course not
la samarreta	T-shirt, football shirt

Culture note

010, Informació ciutadana de l'Ajuntament de Barcelona
(preu de la trucada: 0,55€/3 minuts)

Des de fora de l'àrea metropolitana: 906 42 70 17
(preu de la trucada: 0,70€/minut; 1,05 mòbil)

Information services

010, Informació ciutadana de l'Ajuntament de Barcelona is a useful telephone information service run by the **Ajuntament de Barcelona**, which also runs an online information service (www.bcn.es). **L'Escola Oficial d'Idiomes** is an official language school of the Generalitat with schools throughout Catalonia (www.eoibd.es). There are many other language schools offering a great variety of courses, mostly English for Catalans (**les acadèmies**). **El Barça** is the affectionate name by which Barcelona's football team is known. **La Barceloneta**, in addition to being the former fishing village of Barcelona, is also a cut-price shopping zone.

Language point

Using the telephone

Digui is the standard form used to answer the telephone. It is the equivalent of the English 'hello', although literally it is the **vostè** command form of the verb **dir**, and means '(please) speak'. Another command form in this dialogue, **escolti** (from **escoltar** = to listen), is also often used in telephone conversations to introduce a new topic or to draw the attention of the person at the other end of the line. **Apunti** (from **apuntar** = to note down) is a straightforward example of the polite command form.

Exercise 2

Identify which people or things the weak object pronouns underlined in Dialogues 1 and 2 refer to. For example, in Dialogue 1, **em** refers to John.

Exercise 3

Take the part of Sr. Pasqual in this conversation with Sr. Ferrer's secretary.

SECRETARI	Mobicon. Digui?
SR. PASQUAL	Ask: *Could I speak with Sr. Ferrer?*
SECRETARI	Un moment. De part de qui?
SR. PASQUAL	Say: *I am Sr. Pasqual. When can I phone?*
SECRETARI	La millor hora és entre les quatre i les sis de la tarda. Vol deixar un encàrrec?
SR. PASQUAL	Say: *Yes, can you tell him that I would like to speak with him. I will phone this afternoon at five o'clock. It is important.*
SECRETARI	Molt bé. No pateixi. Li donaré el missatge.
SR. PASQUAL	Say: *Thank you. Until the afternoon.*

Exercise 4 ♫

Listen to these four telephone conversations and match them with the descriptions.

a   Parla amb el secretari d'una empresa.
b   Parla amb un amic.

c   Truca a un amic que és a casa molt poc.
d   Vol parlar amb la mare d'un estudiant.

Exercise 5

You have received three text messages. Can you understand them?
Write them out in full.

Missatge de text 1:   Q u passis b a la C Brva

Missatge de text 2:   Q fas? la monik diu q no t cotxe.
                          Tns ctxe t? Pots agaf l dl teu pare?
                          D prssa!

Missatge de text 3:   Q i a la Maria am tu? L'stem buscan.
                          Si saps on s truk

Exercise 6

Take Narcís's part in this telephone conversation with Berta.

NARCÍS	Say: *Hello.*
BERTA	Narcís, sóc la Berta.
NARCÍS	Ask: *Where are you?*
BERTA	Encara sóc al tren. Ara mateix arribem a Sitges.
NARCÍS	Say: *Sorry, I can't hear you.*
BERTA	Sóc al tren!
NARCÍS	Say: *Now I can hear you, do you hear me?*
BERTA	Sí, molt bé. Digues.
NARCÍS	Say: *Listen, have you reserved the room?*
BERTA	He trucat aquest matí però comunicaven. Ara és una mica tard. Podries trucar tu?
NARCÍS	Say: *But you said that you would do it.*
BERTA	També he enviat un missatge de text, però no m'han contestat. Truca tu, maco.
NARCÍS	Say: *OK, I'll do it, can you give me the phone number?*
BERTA	Sí, apunta. Un moment que no el trobo.
NARCÍS	Say: *Leave me a message with the number, I'll phone . . .*
BERTA	Ei, ei! . . . Escolta . . . que em sents? Et sento molt malament ara . . . Escolta, escolta! . . . Ostres!

Language builder: parlar per telèfon *(speaking on the phone)*

Receiver

Digui?	Hello (formal).
Sí/digues?	Hello (informal).
Sóc jo.	It's me/Speaking.
Jo mateix, -a.	It's me/Speaking.
Sóc el Martí.	It's Martí speaking.
De part de qui?	Who's calling, please?
Ho sento, no hi és.	I'm sorry, he/she is not in.
Hi serà a les . . .	He/she will be in at . . .
Vol deixar un encàrrec/ missatge?	Would you like to leave a message?
Sóc al tren.	I am on the train.

Caller

Que hi ha la Vicky?	Is Vicky there?
Que hi és la Montse?	Is Montse there?
Voldria parlar amb . . .	I'd like to speak with . . .
Li podria dir que em truqui?	Could you ask him/her to phone me?
Tornaré a trucar.	I'll phone again.
Que em sents?	Can you hear me?
Sí, et sento bé.	Yes, I can hear you.
No, no et sento.	No, I cannot hear you.
Et faré una trucada perduda.	I'll give you a missed call.

19 El transport públic

Public transport

In this unit you will learn about:

- Making travel arrangements
- Obtaining travel information
- Means of transport
- Combining verb tenses
- The subjunctive
- The command form

Dialogue 1

Rachel is in a taxi on her way to Sants station to take a train to the airport. She is talking to the taxi driver, expressing her concern about arriving in time to catch the plane.

1 What time is Rachel's train to the airport?
2 What alternative means of transport does Rachel suggest to avoid the traffic jams?
3 What is the taxi driver's suggestion to ensure Rachel catches her plane?
4 What happens in the end?

RACHEL	Tindrem temps?
TAXISTA	A quina hora ha dit que surt el tren?
RACHEL	A les 3.46.
TAXISTA	No sé què dir-li. Aquest cap de setmana el trànsit ha estat impossible. Sobretot a la Diagonal i als cinturons de ronda.

RACHEL	Com <u>és possible que hi hagi</u> tants cotxes? Potser aniria més ràpid a peu, no?
TAXISTA	Sí, sí, i tant! Però, i la maleta?
RACHEL	Miri, aquí veig una parada de metro. Em sembla que la millor opció serà agafar el metro. Sí, <u>és millor que agafi</u> el metro.
TAXISTA	Tot i així té el temps molt just. Miri, què li sembla si anem directament a l'aeroport? A prop d'aquí hi ha una connexió amb l'autopista.
RACHEL	Molt bé, bona idea. Quant li sembla que tardarem? Arribarem a temps?
TAXISTA	Depèn, a quina hora és el vol?
RACHEL	El vol surt a les 5.50.
TAXISTA	Doncs vostè pot estar tranquil·la. <u>Quan arribem</u> a l'autopista tardarem només vint minuts. <u>No es preocupi</u> que arribarem a temps, i <u>quan arribi</u> a l'aeroport, <u>li recomano que vagi</u> directament a facturar l'equipatge.
RACHEL	Sí, sí . . . ho faré, ho faré. Escolti, quant valdrà el taxi?
TAXISTA	Al voltant d'uns trenta euros. I . . . com han anat les vacances?
RACHEL	Molt bé. Vaig llogar un cotxe amb uns amics i vam anar d'excursió una setmana al Pirineu i a la Catalunya Nord. Ha estat molt relaxant, i m'ho he passat molt bé . . . Però, escolti, ha dit trenta euros? És que no els tinc. Pari, pari, aquí, <u>vull que pari</u> a l'estació de metro.

Vocabulary

la maleta	suitcase
la parada	stop
el metro	underground
tot i així	even so
tenir el temps just	to be pushed for time
tardar	to take (time)
facturar	to check in luggage
l'equipatge (m.)	luggage
parar	to stop

Language point

The subjunctive

In previous dialogues, we have heard and seen many instances of verbs ending in the characteristic **-i** form: **digui**, **perdoni**, **escolti**, **miri**, **pari**, etc. We indicated that this is a feature of many conversations using **vostè**. Strictly speaking, this form belongs to a part of the verb known as the subjunctive.

The endings of the subjunctive

The set of endings are very easy to form, as all verbs take almost the same endings: **-i**, **-is**, **-i**, **-em**, **-eu**, **-in**. Simply take off the endings **-ar**, **-ir**, **-er** from the infinitive to form the stem, and add the endings. For example:

parli, **parlis**, **parli**, **parlem**, **parleu**, **parlin**
perdi, **perdis**, **perdi**, **perdem**, **perdeu**, **perdin**
dormi, **dormis**, **dormi**, **dormim**, **dormiu**, **dormin**

Note that the 'we' and 'you' plural endings are the same as the present indicative tense (**parlo**, **parles**, etc.) in all conjugations.

The stem of the subjunctive

1 Most verbs retain the same stem in the 'we'/'you' (plural) as the present indicative:

> **anar** → **vagi** (but **anem**, **aneu**)
> **fer** → **faci** (but **fem**, **feu**)

2 Others retain the subjunctive form throughout:

> **ser** → **sigui**, **siguis**, **sigui**, **siguem**, **sigueu**, **siguin**
> **voler** → **vulgui** etc.

This pattern is followed by a group of verbs whose first person present tense ends in **-c**, like:

> **dir** → **dic** → **digui** etc.
> **estar** → **estic** → **estigui** etc.
> **prendre** → **prenc** → **prengui** etc.

3 **Haver** and **saber** have their own forms:

haver → **hagi, hagis, hagi, hàgim, hàgiu, hagin**
saber → **sàpiga, sàpigues, sàpiga, sapiguem, sapigueu, sàpiguen**

The use of the subjunctive

In past units we have heard the subjunctive used to give commands in the **vostè** form. In this dialogue we come across some of its other main everyday uses:

1 **Quan** + subjunctive to refer to an action in the future: **quan arribem a l'autopista** (= when we reach the motorway); **quan arribi a l'aeroport** (= when you arrive at the airport). Similarly: **quan vagi a estudiar a Hong Kong l'any que ve** (= when I go to study in Hong Kong next year). Other time expressions in the future behave in the same way. Consider: **tornaré abans que tanquin les botigues** (= I'll be back before the shops close); **viuré a casa dels pares fins que (no) trobi un pis al centre** (= I'll live at my parents' until I find a flat in town).

2 When you want/request someone else to do something: **vull que pari a l'estació de Metro** (= I want you to stop at the underground station) and **li recomano que vagi directament a facturar l'equipatge** (= I recommend you to go straight to check in your luggage). Note that the main verb is followed by **que** and that a change of subject is involved. Consider: **(jo) vull que (tu) em compris un regal quan vagis a Delhi** (= I want you to buy me a present when you go to Delhi). Notice how in all these examples **que** + subjunctive is translated with an infinitive in English.

  Other verbs, such as those expressing emotions (likes, dislikes, wishes and hopes), behave in the same way. Consider: **no m'agrada que escoltis música tot el dia**; **espero que nevi aquest cap de setmana**.

3 Sentences starting with **és** followed by **que** also take the subjunctive. There are two such sentences in Dialogue 1: **com és possible que hi hagi tants cotxes?** and **sí, és millor que agafi el metro**. Another such sentence is **és necessari que ...** and by extension sentences that mean **és necessari** such as **cal** which, as we have

heard earlier, is as an economic way to express need. In Exercise 4, Situation 1, below, you will hear **cal que faci transbord quan arribi a València** (= you have to change trains when you reach Valencia), another example of this type of use.

4 When you want to form negative commands: **no es preocupi, que arribarem a temps** (= don't worry, we'll get there on time). Consider: **no parlis tan de pressa, que no t'entenc** (= don't speak so quickly, because I can't understand you), or: **no sigui així, Sr. Sugranyes** (= don't be like that, Sr. Sugranyes).

The command form 4

As we have seen above, the subjunctive is used to express commands or requests, except when addressing someone in the **tu** form, in which case the form used is the third person singular of the present tense. We have heard many examples of requests using **tu** forms: **parla més a poc a poc** (= speak more slowly); **dóna'm el mòbil** (= give me the mobile); **telefona la Rosa i la Txell** (= phone Rosa and Txell); **dorm tranquil·lament** (= sleep peacefully).

A few verbs have an irregular **tu** form:

anar → **vés**
fer → **fes**
ser → **sigues**
dir → **digues**
estar → **estigues**
tenir → **té**

Exercise 1

Now go back to Dialogue 1. Rachel has established an informal rapport with the taxi driver and is using the **tu** form. Could you change all the verb forms and the related weak pronouns accordingly?

Exercise 2

Rachel is travelling with her friend Sara. Listen to the alternative dialogue and write down the verbs that were in the singular in Dialogue 1 and are now in the plural.

RIU SENSE MODERACIÓ
BEU AMB MODERACIÓ

Exercise 3

Later on in the evening, Rachel leaves a note for her Catalan friend, Eduard, telling him how she went to the airport and what happened during her taxi ride. Write a note of four to six lines describing the experience. There is a possible answer in the Key to exercises.

Exercise 4

First, consult the Language builder for relevant vocabulary, then listen to the three situations on the audio. Decide who is speaking in each situation. Match the situations (1, 2, 3) to options a, b or c below.

a   A station announcement
b   A ticket office employee
c   A conductor

Exercise 5

Listen to a radio programme giving advice about the best way of travelling in and outside Barcelona. Then answer the following three questions:

1   What is a *Barcelona Card*?
2   What does Andreu say is the best method of travelling outside Barcelona?
3   What are the two main characteristics of the rail network?

Exercise 6

Listen to the audio and identify which five signs from those shown below are mentioned in the set of instructions that you hear.

APARCAMENT

Informació turística

Arribades

LLOGAR UN COTXE

Botigues

Objectes perduts

Parada autobús

Canvi de moneda

Punt de trobada

Canviador de bebès

CONSIGNA

Recollida d'equipatges

Control de passaports

Servei mèdic

ENTRADA

SORTIDA

Escales mecàniques

Sortides
companyies
estrangeres

FACTURACIÓ

Estació tren

Venda de bitllets

Exercise 7

Take Harjinder's part in this telephone call to railway information.
Use the Language builder to help you.

INFO	Servei d'informació, digui.
HARJINDER	Ask: *I would like information about how to go from Vilafranca to Granollers. Which is the best way of getting there? Is there a train going to Granollers?*
INFO	Sí que n'hi ha, però cal que faci transbord quan arribi a Sants. Potser l'autobús és millor perquè és directe.
HARJINDER	Say: *Yes, but I prefer going by train. Can you tell me if there is left luggage at Sants? When I reach Sants, I would like to leave the luggage there.*
INFO	Sí que n'hi ha.
HARJINDER	Ask: *How much does it cost?*
INFO	No tinc aquesta informació; depèn del temps i de la quantitat d'equipatge que porti.
HARJINDER	Ask: *Do you know from which platform the train leaves at Sants?*
INFO	Li puc donar l'horari, però no la via. Cal que ho pregunti quan arribi a Sants. Li recomano que vagi directament a informació.
HARJINDER	Say: *Very well. Can you tell me if there is a train after three o'clock?*
INFO	A les 15.21.
HARJINDER	Say: *Maybe it's better that I go by coach. I won't have much time for my connection in Sants and I will arrive earlier in Granollers.*
INFO	Faci el que li sembli millor.

Language builder

Viatjar amb transports públics (travelling by public transport)

el tren/ferrocarril	train
el vagó	carriage
l'arribada (f.)	arrival
la sortida	departure, exit
un bitllet d'anar i tornar	return ticket

una reserva de seient	seat reservation
directe	non-stop
rodalies	local
el llarg recorregut	long distance
la classe Delta	Delta class
la classe Exprés	Express class
AVE	high-speed train
la consigna	left-luggage office
els lavabos	toilets
la via	platform (track)
el transbord	change of trains
la sala d'espera	waiting room
el metro	underground
l'autocar (m.)	coach
l'autobus (m.)	bus
l'estació d'autobusos (f.)	bus station
la parada d'autobús	bus-stop

Announcements

Pròxima arribada per via tres, tren de rodalies a Vilafranca.
    És directe a Sitges
(Next arrival on platform three is a regional train to Vilafranca.
    It is non-stop to Sitges).

Aviat sortirà per la via cinc Talgo en direcció a Madrid.
    Porta deu minuts de retard.
(A Talgo service to Madrid will shortly be departing from
    platform five. It is running five minutes late).

Pròxima circulació per via dos, Euromed, procedent d'Alacant,
    direcció Barcelona.
(Next train on platform two is a Euromed service from Alicante,
    destination Barcelona).

20 Festa major!

This unit offers an opportunity to revise and extend the structures learnt in earlier units:

- Celebrations and festivities
- Impersonal **es**
- Combination of pronouns

La festa major is a festival commemorating the patron saint of a locality. Many of the activities take place outside in the streets and squares of the town, **barri** or village.

Text 1

FESTA MAJOR DEL BARRI
Programa
Dissabte 13 de setembre (Sant Gaudenci)

9:30 h	Campionat Obert de Petanca.
17:30 h	Cercavila pel Barri.
	Amb el Drac, Gegants i Cap-grossos.
	Banda de música. Grup de percussió.
19:30 h	Gran Pregó de la Festa Major. Plaça Santes Creus.
20:00 h	Concert de Música. Plaça Santes Creus. Banda Prinicipal de Barcelona.
21:00 h	Gran Correfoc. Pel Barri. A càrrec dels diables del Carmel.
22:00 h	Ball de Festa Major.

Text 1 is an example of a programme of events of a typical **festa major** *in one of the lively popular neighbourhoods south of the Eixample.*

Culture note

Festes majors vary from place to place, but there are core activities which are incorporated in many **festes**, like **castellers**, **gegants** and **cap-grossos**. Music, dancing (**els balls**) and fireworks seem never to be lacking. **Festes majors** also often offer the opportunity of taking part in **la sardana** (the traditional circle dance). Another distinctive feature is the **correfoc**, literally 'running fire(works)', organised by (**a càrrec de**) **els diables** (= devils) who run through the streets with fireworks attached to sticks which they wave about in their devil costumes through the crowd-lined streets and squares. **Els gegants** means 'giants' and refers to the giant-size models of kings, queens and other historical and legendary characters (4–5m tall) carried by the groups of **geganters** or giant-carriers. The **cap-grossos** (literally: 'big heads', made of papier mâché), alongside other fairytale-like monsters like the **drac** (= dragon), often accompany the **gegants**, who parade through the **festa major** to the sound of traditional live music and percussion. The official **festa major** parade is known as the **cercavila** or 'street parade'. The **gegants** periodically stop and dance along the way. **Festes majors** are also official and religious occasions, and this is marked by the **pregó** or official opening speech that traditionally is presided over by local dignitaries, municipal officials, the **festa** organisers and the guest of honour who usually delivers the speech.

Text 2

The **festa** website receives numerous emails expressing a variety of opinions. Below are some of the messages received:

1 Visca les festes! Som el millor barri de Barcelona i amb les millors festes: ambient magnífic, gent de totes les edats, cultures i races. Em semblen unes festes genials i participatives. Fins i tot m'han agradat més aquest any que l'any passat. Felicitats als organitzadors. Elian (Mataró).

2 Quines festes! No tinc paraules per descriure-les. Han estat més
divertides que mai. Jo no sóc d'aquí, però sempre m'ha agradat molt
el barri, i m'ho he passat molt bé a les festes aquest any.
El macroconcert va ser genial. I els concerts que s'han fet a la plaça
han estat molt bé totes les nits. Em va agradar molt el concert dels
Pets a la plaça. Va ser força divertit, crec que els organitzadors
mereixen la més sincera felicitació per la meva part. Molt i molt bé!
Visca la festa major! Rosina (Barcelona).

3 Distingits senyors organitzadors,
Fa cinquanta-tres anys que visc en aquest barri i em fa moltíssima
vergonya que em relacionin amb les FESTES. A mi em sembla claríssim
que ja no són com eren abans. Abans eren festes pels veïns, amb uns
horaris normals. No com ara. Ara les festes són només pels joves i
acaben a les quatre de la matinada. Ara no hi ha respecte per la gent
d'aquí. No m'agrada gens ni mica l'actitud de molts joves del barri.
Sempre que puc, marxo del barri a partir de la segona setmana de
setembre, perquè durant les festes no s'hi pot viure.
Atentament, Enric Sugranyes (veí d'aquest barri de tota la vida).

Exercise 1 🎧

Elian, Rosina and Sr. Sugranyes feel so strongly about the *festes*
that they decide to phone the organisers. Listen to the messages
they leave. Can you decide which voice message (a, b, or c) corre-
sponds to which email (1. Elian, 2. Rosina, 3. Sr. Sugranyes)?

Exercise 2

Using the programme and the texts above, write a postcard
describing a day at a **festa major**. If at all possible, show it to a
Catalan speaker. You may even be able find a tandem partner to
send it to over the internet.

Text 3

*After a festa major you may want to get away from the excitement
of the city.* **Mas Ses Vinyes** *combines a rural setting with views over
the Costa Brava.*

Mas Ses Vinyes

Situat en un paratge d'antigues vinyes i de bosc mediterrani, es troba el 'Mas Ses Vinyes' on es pot gaudir d'una estada dominada per la calma i l'esplèndida vista al mar i a la plana de Palafrugell. Està a menys de deu minuts de les cales de Calella, Llafranc i Tamariu i de les petites cales de Begur: Sa Tuna, Sa Riera, Aiguablava i dels més famosos restaurants de l'Empordà. Serveis:

- 8 habitacions dobles amb bany i terrassa pròpia.
- 2 suites amb bany complet i esplèndides vistes.
- Sala d'estar i de TV, bar, fax i internet, jardí.
- Possibilitats de practicar: excursionisme, submarinisme, cicloturisme, golf, circuits d'interès històric, artístic i cultural, ruta gastronòmica.

Carretera Palafrugell a Begur km 5,7
Tel. 972 30 15 70
Fax. 972 61 13 14
www.massesvinyes.com

By now you may be confident enough to send simple emails in preparation for a holiday. Perhaps something as simple as: **em podria enviar informació sobre com arribar-hi?**

Isabel, the manager, sent the following response:

- Li envio un plànol de la zona que complementa el que hi ha a la web; és un croquis de com arribar a l'hotel Mas Ses Vinyes tant si ve des de Girona com si ve de Barcelona.
- Si ve des de Girona està a 40 km, 0,5 hores; si ho fa de Barcelona està a uns 110 km, 1,5 hores si no hi ha tràfic intens com passa a l'estiu. Hi ha una línia d'autobusos SARFA que fa la línia regular Barcelona–Girona i passa per Palafrugell. Té uns horaris força amplis i té web pròpia per consultar-ho. És la carretera que va de Palafrugell a Begur, nosaltres estem a 1 km de Palafrugell, és la Gip 6531.
  Li envio aquest missatge amb el fitxer corresponent al plànol.
  Cordialment,
  Isabel

Vocabulary

gaudir	to enjoy
el plànol	plan, map
el croquis	sketch
Gip	the code of a local road
el fitxer	file

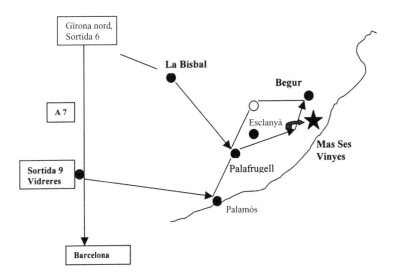

Language points

Impersonal es

This is a common construction, particularly with **poder**. **Es pot fumar aquí?** (= can one smoke here?); **es pot aparcar?** (= can one park (here)?), or, as in the text: **on es pot gaudir d'una estada dominada per la calma ...** (= where one can enjoy a stay surrounded by calm ...), etc. You will hear this construction applied to many other verbs. It is formed with the third person of the verb and the third person reflexive pronoun **es**. Consider: **es <u>menja</u> bé en aquest restaurant?** (= does one eat well in this restaurant?); **com <u>es fa</u> això?** (= how does one do this? *or* how is it done?).

Weak pronouns 7: combination of pronouns

As you become more confident with your Catalan, you will find that there are uses of the pronouns and, above all, combinations of pronouns which require some close attention and which have not been covered in this course. To prepare you for further developments there are two points you might want to keep in mind:

1 It is important to be able to distinguish between direct and indirect objects.
2 Most combinations of pronouns combine direct and indirect objects, so remember that the indirect comes first and the connection between the two sounds is established according to rules you are already familiar with. Beginning to distinguish direct and indirect pronouns will in itself lead you to an understanding of pronoun combinations through hearing them and eventually using them.

Consider these examples:

1 LAURA   Mira, la Maritxell, vols que *te la* presenti?
   RACHEL   Sí, presenta-*me-la*. La vull conèixer.
2 El dia de Sant Jordi, rosa d'oferta especial: *us la* regalem quan compreu un llibre a la Llibreria Galatea.

Exercise 3

If you have the opportunity, you could look at the Mas Ses Vinyes or a similar web page to explore further. For example, you could find out the cost of the rooms.

Text 5

Acabem amb una carta d'un metge de Menorca que conté un toc de nostàlgia:

CRÒNICA DEIS AVATARS D'UN METGE DE POBLE

Per casualitat vaig arribar a Menorca a fer de metge ara fa 30 anys. L'illa em va captivar per la seva calma, la seva lluminositat resplendent i la transparència de las seves aigües. La seva gent fàcil i senzilla em van guanyar per la seva generositat i agraïment.

El metge d'un poble era en aquella època una figura rellevant. Al seu càrrec estava la cura de la salut de tota la família, els nens, els vells, les dones embarassades, durant totes les hores del dia i tots els dies de l'any. Calia estar en bona relació amb el metge, i no s'abusava de la seva atenció. Tot sovint abans de consultar-lo es recorria a remeis casolans o bastava una indicació per telèfon.

Poc a poc amb la millora del nivell de vida i dels mitjans de transport, l'augment del nombre de professionals i del canvi del sistema sanitari, la figura tradicional del metge del poble ha anat desapareixent.

Actualment en el mateix poble hi ha dos metges i un pediatra, més un servei d'urgències les 24 hores, s'ha creat una gran demanda de consulta especialitzada i . . . la figura rellevant del metge de poble ha anat desapareixent.

A canvi de la relació pròxima i personal de fa anys, la població ha guanyat una assistència més moderna i més recursos i el metge ha guanyat suport, tranquil·litat i temps lliure.

Menorca ha estat un destí per molta gent d'ultres latituds que ha vingut a instal·lar-se a l'illa. Els que van arribar fa anys eren pocs i van integrar-se fàcilment dins la població nativa. En l'actualitat hi ha tendència a formar col·lectivitats de diferent procedència, moltes vegades autosuficients, però els descendents van a la escola i aprenen el català, a més del castellà, l'anglès o l'alemany.

El foraster ha deixat de ser una figura singular per convertir-se en una figura habitual en el panorama insular.

Exercici 4

Les frases que hi ha a l'àudio que resumeixen alguns punts de la crònica, són vertaderes o falses?

Exercici 5

Si has arribat fins aquí, mereixes que et felicitem per la teva perseverància i perquè has demostrat que tens molta habilitat. També has entrat en el grup selecte de persones que està aprenent una de les moltes llengües sense estat que hi ha al món, davant de la tendència globalitzadora que domina les societats modernes. Et recomanem una petita activitat per animar-te a practicar el que has après fins ara amb catalanoparlants. Pregunta a un catalanoparlant què vol dir el nostre darrer desig: *salut i força!*

Grammar reference and verb tables

This section is intended to complement the explanations and practice of aspects of grammar in the main body of the text. You should refer to the *Grammar Index* at the end of the book to find information about a specific point of grammar.

Articles

	Singular		Plural	
	Masculine	*Feminine*	*Masculine*	*Feminine*
Definite article	**el, l'**	**la, l'**	**els**	**les**
Indefinite article	**Un**	**una**	**uns**	**unes**

Contractions with the definite article

When the masculine articles **el** and **els** follow the prepositions **a**, **de** and **per** the following contractions occur:

Preposition	*Singular*	*Plural*
a	**al**	**als**
de	**del**	**dels**
per	**pel**	**pels**

Note that contraction does not occur when the article appears with an apostrophe: **del museu**, but **de l'home**.

The use of l':

l' is used before nouns starting with a vowel (or **h** + vowel), for example **l'elefant** (m.), **l'hàbit** (m.), **l'úlcera** (f.), with the exception of feminine nouns starting with an unstressed **i** or **u** (e.g. **la història**, **la universitat**).

Demonstratives

	Singular		Plural	
	Masculine	Feminine	Masculine	Feminine
this/these	**aquest**	**aquesta**	**aquests**	**aquestes**
that/those	**aquell**	**aquella**	**aquells**	**aquelles**

Possessives

	Singular		Plural	
	Masculine	Feminine	Masculine	Feminine
I, my	**el meu**	**la meva**	**els meus**	**les meves**
you, your	**el teu**	**la teva**	**els teus**	**les teves**
he/she/**vostè,** his/her (your)	**el seu**	**la seva**	**els seus**	**les seves**
we, our	**el nostre**	**la nostra**	**els nostres**	**les nostres**
you, your	**el vostre**	**la vostra**	**els vostres**	**les vostres**
they, their	**el seu**	**la seva**	**els seus**	**les seves**

Question words

Quant ...?	How much ...?
Com ...?	How ...?
Qui ...?	Who ...?
Quin ...?	Which ...?
De quin ...?	Of which ...?
Què ...?	What ...?
Que ...?	Do/does ...?
Per què ...?	Why ...?
On ...?	Where ...?

Exclamations and interjections

ei!	hey!	**Ei, què fas?**
ep!	hey!	**Ep, vigila!**
ui!	wow!	**Ui, que difícil!**
uf!	phew!/ ugh!	**Uf, estic cansat!** **Uf, quin fàstic!**
apa!/au!	come on!/ so there!	**Apa, no exageris!** **Ara no ho faig, apa!**
vinga!	go on!	**Vinga, anima't!**

que difícil!	how difficult!
quina sorpresa!	what a surprise!
no fotis!	you're kidding!

Prepositions

Unstressed prepositions

a	to, at, on, in
amb	with
de	of, from
en	in, onto, on
per	for, by
(per a)	for, in order to

See also contractions with the article (above).

Frequently used stressed prepositions

cap a	towards
damunt (de)	on, over
darrere (de)	behind
davant (de)	in front of
des de	from
dins (de)	inside, within
durant	during
entre	between
fins (a)	until, up to
fora (de)	outside
sense	without
(a) sobre (de)	on, above, over
(a) sota (de)	under

Conjunctions

Frequently used conjunctions

doncs	well, then, so
i	and
més aviat	rather
o	or
per això	for this reason, so

però	but
perquè	because
que	that
si	if

Adverbs

Frequently used adverbs and adverbial expressions

Manner	**com**	as, like
	bé	well
	malament	badly
	millor	better
	pitjor	worse
	així	like this
	gairebé	nearly
	més aviat	earlier
Quantity	**massa**	too much
	molt	a lot of
	força	very, quite a lot
	bastant	quite (a lot of)
	prou	enough
	gaire	not very much
	poc	little
	gens	not at all
	gens ni mica	not one bit
	tant	so much
	tan	so
Place	**on**	where
	aquí	here
	allà	there
	a prop	near
	lluny	far
Time	**quan**	when
	ara	now
	llavors, aleshores	then
	sempre	always
	mai	never
	sovint	often

de tant en tant	from time to time
a vegades	sometimes
mentrestant	meanwhile
abans	before
després	after
de seguida	soon
aviat	early
tard	late
ja	already
encara	still

Pronouns

Indefinite pronouns

algú	someone
alguna cosa	something
qualsevol	any
tot	everything
ningú	no one
tothom	everyone

Reflexive pronouns

These pronouns before and after the verb will change form, because they are pronounced as one unit with the verb.

Before verb beginning		After verb ending	
with consonant	*with vowel*	*with consonant*	*with vowel*
em dutxo	**m'afaito**	**vull dutxar-me**	
et dutxes	**t'afaites**	**vols duxtar-te**	**afaita't**
es dutxa	**s'afaita**	**vol dutxar-se**	**afaiti's**
ens dutxem	**ens afaitem**	**volem dutxar-nos**	
us dutxeu	**us afaiteu**	**voleu dutxar-vos**	**afaiteu-vos**
es dutxen	**s'afaiten**	**volen dutxar-se**	

Comparing pronoun forms

Subject	Reflexive	Indirect object	Direct object	With preposition
Singular				
I/me				
jo parlo	**em dutxo**	**em sembla**	**em mira**	**a mi**
you				
tu parles	**et dutxes**	**et sembla**	**et mira**	**a tu**
you				
vostè parla	**es dutxa**	**li sembla**	**el/la mira**	**a vostè**
he, she, it/him, her				
ell/ella parla	**es dutxa**	**li sembla**	**el/la mira**	**a ell/ella**
Plural				
we/us				
nosaltres parlem	**ens dutxem**	**ens sembla**	**ens mira**	**a nosaltres**
you				
vosaltres parleu	**us dutxeu**	**us sembla**	**us mira**	**a vosaltres**
you				
vostès parlen	**es dutxen**	**els sembla**	**els mira**	**a vostès**
they				
ells/elles parlen	**es dutxen**	**els sembla**	**els mira**	**a ells/elles**

The strong pronouns are the subject pronouns and the pronoun forms used with a preposition. For example, **a tu**, **amb mi**, **per ell**, etc. They are called 'strong' because they are pronounced independently with full force in comparison to the 'weak' pronouns which are unstressed and pronounced as part of the verb they accompany.

Because weak pronouns form a unit with the verb, they are written in four different ways. See next chart.

Comparing the indirect and direct object pronouns

	Function	Before verb, beginning		After verb, ending	
		with consonant	with vowel	with consonant	with vowel
me	both	em regala/ em mira	m'agrada/ m'estima	pots donar-me/ pots agafar-me	compra'm
you	both	et regala/ et mira	t'agrada/ t'estima	pot donar-te/ pot agafar-te	compra't
him, it		el mira	l'estima	pot agafar-lo	mira'l
her, it	direct	la mira	l'estima	pot agafar-la	mira-la
it		ho mira	ho fa	pot fer-ho	mira-ho
him, her	indirect	li regala	li agrada	pot donar-li	regala-li
us	both	ens regala/ ens mira	ens agrada/ ens estima	pot donar-nos/ pot agafar-nos	compra'ns
you	both	us regala/ us mira	us agrada/ us estima	pot donar-vos/ pot agafar-vos	volem veure-us
them (m.)	direct	els mira	els estima	pot agafar-los	volem veure'ls
them (f.)		les mira	les estima	pot agafar-les	volem veure-les
them (m./f.)	indirect	els regala	els agrada	pot donar-los	dona'ls

NB: **vostè** uses third person pronouns.

Verbs

Basic guidelines for comparison of ser and estar

Only 'ser' is used:

1) To tell the time: Són les tres, és dilluns.
2) With numbers: Són 30 euros.
3) When pronouns follow **ser**: És ell, és aquesta.
4) To express: identity, profession, inherent and permanent characteristics: És valencià, és professor, és de plàstic, és la solució.

Only 'estar' is used:

1) With adverbs and adverbial expressions: Està molt bé; Elles estan d'acord.
2) To express temporary states likely to change or the result of change: El Joan està content; la Marina està preocupada.
3) To form the continuous tenses: El Pere està parlant per telèfon.

Both 'ser' and 'estar' can be used:

1) To indicate location: Some speakers would always use **estar.** Others make a distinction between location when they would use **ser,** and location linked to a time limit when they would use **estar.** Consider: Ja som a Girona; hi estarem tres hores.
2) To express temporary states or qualities with inanimate subjects followed by a past participle or an adjective: "el banc **és/està** tancat"; "la llet **és/està** calenta".

Conjugation of regular verbs

	First conjugation	Second conjugation	Third conjugation
Infinitive	**parlar**	**perdre**	**dormir**
Gerund	**parlant**	**perdent**	**dormint**
Past participle	**parlat**	**perdut**	**dormit**
Present	**parlo**	**perdo**	**dormo**
	parles	**perds**	**dorms**
	parla	**perd**	**dorm**
	parlem	**perdem**	**dormim**
	parleu	**perdeu**	**dormiu**
	parlen	**perden**	**dormen**
Imperfect	**parlava**	**perdia**	**dormia**
	parlaves	**perdies**	**dormies**
	parlava	**perdia**	**dormia**
	parlàvem	**perdíem**	**dormíem**
	parlàveu	**perdíeu**	**dormíeu**
	parlaven	**perdien**	**dormien**
Preterite	**vaig parlar**	**vaig perdre**	**vaig dormir**
	vas parlar	**vas perdre**	**vas dormir**

	va parlar	va perdre	va dormir
	vam parlar	vam perdre	vam dormir
	vau parlar	vau perdre	vau dormir
	van parlar	van perdre	van dormir
Perfect	he parlat	he perdut	he dormit
	has parlat	has perdut	has dormit
	ha parlat	ha perdut	ha dormit
	hem parlat	hem perdut	hem dormit
	heu parlat	heu perdut	heu dormit
	han parlat	han perdut	han dormit
Future	parlaré	perdré	dormiré
	parlaràs	perdràs	dormiràs
	parlarà	perdrà	dormirà
	parlarem	perdrem	dormirem
	parlareu	perdreu	dormireu
	parlaran	perdran	dormiran

The future adds the endings to the infinitive, minus final **-e** if there is one.

Conditional	parlaria	perdria	dormiria
	parlaries	perdries	dormiries
	parlaria	perdria	dormiria
	parlaríem	perdríem	dormiríem
	parlaríeu	perdríeu	dormiríeu
	parlarien	perdrien	dormirien

The conditional takes the same stem form as the future and adds the conditional endings. (Note that the endings happen to coincide with the imperfect endings of second and third conjugation verbs.) The verbs that present irregularities in the future also present irregularities in the conditional.

Imperative	parla	perd	dorm
	parli	perdi	dormi
	parlem	perdem	dormim
	parleu	perdeu	dormiu
	parlin	perdin	dormin

Note: Only the **tu** form has a special form. All other imperative forms make use of the corresponding forms of the present subjunctive (see below). Note that in all conjugations the **tu** form is the same as the third person singular of the present indicative.

Present			
subjunctive	**parli**	**perdi**	**dormi**
	parlis	**perdis**	**dormis**
	parli	**perdi**	**dormi**
	parlem	**perdem**	**dormim**
	parleu	**perdeu**	**dormiu**
	parlin	**perdin**	**dormin**

Conjugation of irregular verbs

Only tenses with irregular parts are listed. The conditional tense has the same stem as the future.

Present	*Imper- fect*	*Future*	*Present subjunc- tive*	*Impera- tive*	*Gerund*	*Past parti- ciple*
anar to go						
vaig		**aniré**	**vagi**		**anant**	**anat**
vas		**aniràs**	**vagis**	**vés**		
va		**anirà**	**vagi**			
anem		**anirem**	**anem**			
aneu		**anireu**	**aneu**	**aneu**		
van		**aniran**	**vagin**			
beure to drink						
bec	**bevia**				**bevent**	**begut**
beus	**bevies**			**beu**		
beu	**bevia**					
bevem	**bevíem**					
beveu	**bevíeu**			**beveu**		
beuen	**bevien**					
conèixer to know						
conec			**conegui**		**coneixent**	**conegut**
coneixes			**coneguis**			
coneix			**conegui**			
coneixem			**coneguem**			
coneixeu			**conegueu**			
coneixen			**coneguin**			

Present	Imperfect	Future	Present subjunctive	Imperative	Gerund	Past participle

creure to believe

Present	Imperfect	Future	Present subjunctive	Imperative	Gerund	Past participle
crec	creia		cregui		creient	cregut
creus	creies		creguis	creu		
creu	creia		cregui			
creiem	crèiem		creguem			
creieu	crèieu		cregueu	creieu		
creuen	creien		creguin			

dir to say

Present	Imperfect	Future	Present subjunctive	Imperative	Gerund	Past participle
dic	deia		digui		dient	dit
dius	deies		diguis	digues		
diu	deia		digui			
diem	dèiem		diguem			
dieu	dèieu		digueu	digueu		
diuen	deien		diguin			

entendre to understand

Present	Imperfect	Future	Present subjunctive	Imperative	Gerund	Past participle
entenc	entenia				entenent	entès
entens	entenies					
entén	entenia					
entenem	enteníem					
enteneu	enteníeu					
entenen	entenien					

estar to be

Present	Imperfect	Future	Present subjunctive	Imperative	Gerund	Past participle
estic	estava		estigui		estant	estat
estàs	estaves		estiguis	estigues		
està	estava		estigui			
estem	estàvem		estiguem			
esteu	estàveu		estigueu	estigueu		
estan	estaven		estiguen			

fer to do, to make

Present	Imperfect	Future	Present subjunctive	Imperative	Gerund	Past participle
faig	feia	faré	faci		fent	fet
fas	feies	faràs	facis	fes		
fa	feia	farà	faci			
fem	fèiem	farem	fem			
feu	fèieu	fareu	feu	feu		
fan	feien	faran	facin			

Present	Imper- fect	Future	Present subjunc- tive	Impera- tive	Gerund	Past parti- ciple
haver to have (auxiliary verb)						
he		hauré	hagi			hagut
has		hauràs	hagis			
ha		haurà	hagi			
hem		haurem	hàgim			
heu		haureu	hàgiu			
han		hauran	hagin			
obrir to open						
obro						obert
obres				obre		
obre						
obrim						
obriu				obriu		
obren						
poder to be able, can						
puc		podré	pugui			pogut
pots		podràs	puguis			
pot		podrà	pugui			
podem		podrem	puguem			
podeu		podreu	pugueu			
poden		podran	puguin			
prendre to take						
prenc	prenia		prengui		prenent	pres
prens	prenies		prenguis	pren		
pren	prenia		prengui			
prenem	preníem		prenguem			
preneu	preníeu		prengueu	preneu		
prenen	prenien		prenguin			
saber to know						
sé		sabré	sàpiga			
saps		sabràs	sàpigues	sàpigues		
sap		sabrà	sàpiga			
sabem		sabrem	sapiguem			
sabeu		sabreu	sapigueu	sapigueu		
saben		sabran	sàpiguen			

Present	Imperfect	Future	Present subjunctive	Imperative	Gerund	Past participle
ser to be						
sóc	era	seré	sigui		sent	estat/sigut
ets	eres	seràs	siguis			
és	era	serà	sigui	sigues		
som	érem	serem	siguem			
sou	éreu	sereu	sigueu	sigueu		
són	eren	seran	siguin			
sortir to go out, to leave						
surto			surti			
surts			surtis	surt		
surt			surti			
sortim			sortim			
sortiu			sortiu	sortiu		
surten			surtin			
tenir to have						
tinc		tindré	tingui			tingut
tens		tindràs	tinguis	té		
té		tindrà	tingui			
tenim		tindrem	tinguem			
teniu		tindreu	tingueu	teniu		
tenen		tindran	tinguin			
venir to come						
vinc		vindré	vingui			vingut
véns		vindràs	vinguis	vine		
ve		vindrà	vingui			
venim		vindrem	vinguem			
veniu		vindreu	vingueu	veniu		
vénen		vindran	vinguin			
vendre to sell (like **prendre**)						
						venut
veure to see						
veig			vegi		veient	vist
veus			vegis			
veu			vegi			
veiem			vegem			

Present	Imperfect	Future	Present subjunctive	Imperative	Gerund	Past participle
veieu			vegeu			
veuen			vegin			

viure to live

Present	Imperfect	Future	Present subjunctive	Imperative	Gerund	Past participle
visc			visqui		vivint	viscut
vius			visquis	viu		
viu			visqui			
vivim			visquem			
viviu			visqueu	viviu		
viuen			visquin			

voler to want

Present	Imperfect	Future	Present subjunctive	Imperative	Gerund	Past participle
vull		voldré	vulgui			volgut
vols		voldràs	vulguis			
vol		voldrà	vulgui			
volem		voldrem	vulguem			
voleu		voldreu	vulgueu			
volen		voldran	vulguin			

Key to exercises

Unit 1

Exercise 1

3 la 4 el 5 el 6 la 7 la 8 el, la 9 ——— 10 ———

Exercise 2

	Formal	Informal
2	✓	
3		✓
4	✓	
5		✓
6	✓	
7		✓

Exercise 3

2 ets 3 ets 4 sóc 5 és 6 sóc 7 són 8 és

Exercise 4

3 Sóc la Marta. 4 És el Joan. 5 Són la Maria i el Pere. 6 Som la família Grau. 7 Sóc el senyor Sugranyes. 8 Sóc el John.

Exercise 5

Hola, bon dia. Vostè és <u>el</u> senyor Viola?
No, el senyor Viola és ell, jo sóc el <u>senyor</u> Casals.
Jo sóc <u>la</u> senyora Bonet de l'Hotel Central.
Molt de gust.
<u>Encantada</u>.
Senyor Viola, la <u>senyora</u> Bonet de l'Hotel Central.
<u>Encantat</u>.
Molt de gust.

Unit 2

Exercise 1

2   9-6 1-3-2-5-1-5-1
3   9-7-1 7-0-8-5-9-7
4   9-3 2-1-7-1-0-1-4
5   9-6-4 3-1-1-8-1-9
6   9-7-1 1-9-2-3-7-4

Exercise 2

2 a 3 a 4 a 5 al 6 a

Exercise 3

	Formal	Informal
2		✓
3		✓
4		✓
5	✓	
6	✓	
7	✓	
8		✓

Exercise 4

2 tens 3 té 4 tenim 5 tinc 6 tenim 7 tenen

Exercise 5

	Question	Statement
2		✓
3	✓	
4		✓
5		✓
6	✓	
7	✓	
8		✓

Exercise 6

Nom: Elvira
Primer cognom: Font
Segon cognom: Puig
Adreça: Carrer Blanc 6

Telèfon: 93 8764362
Telèfon mòbil: 0672141928

Exercise 7

2 molts 3 moltes 4 molt 5 molts 6 molta

Exercise 8

Hola.
Com et dius?
I de cognom?
Em dic . . .
Encantat,-ada/molt de gust. I on vius?
Visc a . . .
Tens telèfon?

Unit 3

Exercise 1

1 L'Hotel central és molt confortable. Té molts bars i és possible prendre cafès excel·lents. 2 El senyor Sugranyes viu a Sant Cugat al carrer París. 3 La senyora es diu Ballester. 4 Hola, benvinguda a Barcelona.

Exercise 2

2 parlem 3 parles 4 parlo 5 parlem 6 parleu 7 parla 8 parlo

Exercise 3

2 parla 3 visitem 4 funciona 5 estudien 6 visites 7 presento 8 parlen 9 estudieu

Exercise 4

ets, sou, tenir, té, tenen, vull, volem

Exercise 5

2 el 3 el 4 l' 5 la 6 l' 7 l' 8 la

Exercise 6

2 un 3 una 4 una 5 un 6 una 7 un 8 un

Exercise 7

Masculine: el metro, el sociòleg, el notari, el cinema, el taxi, el problema, el futbol, el poema, l'amic, l'oncle, el telèfon

Feminine: l'amiga, la llet, la dona, la discoteca, la senyora, la veritat, la professora, l'explosió

Exercise 8

Masculine: convent, museu, teatre, model, espectacle, tren, art, rock català, restaurant

Feminine: claredat, gastronomia, creació, civilització, llibertat, solitud, oficina, compassió, vanitat

Exercise 9

Com estàs?
Molt bé. Et presento un amic anglès. Es diu Darren. Parla català.
Vols prendre alguna cosa?
Un cafè amb llet.

Unit 4

Exercise 1

1 A decaffeinated coffee and an orange juice. 2 Two coffees, two croissants, a mineral water, wine, squid and olives.

Exercise 3

Hola Toni, com estàs?
Molt bé. Què vols?
Vull un tè amb llimona. Vols un croissant?
Què és una ensaïmada?
Doncs, sí, vull una ensaïmada.

Exercise 4

2   9-65-05-21-<u>23</u>
5   3-33-29-<u>75</u>-62

Exercise 5

Sisplau, pot cobrar?
Un suc de taronja natural i una aigua mineral sense gas.

Quant és el suc de taronja?
Gràcies.

Exercise 6

Activity 1: cel = sky/heaven, ona = wave.
Activity 2:

Els <u>bars</u> són un <u>aspecte</u> molt <u>important</u> de la vida <u>mediterrànea</u> i de la vida <u>catalana</u>. Moltes <u>persones</u> <u>passen</u> més d'una <u>hora</u> al <u>dia</u> al <u>bar</u>. <u>És</u> un <u>centre</u> <u>social</u> on es <u>formen</u> i <u>desenvolupen</u> les <u>relacions</u> <u>personals</u> i <u>professionals</u>. Un <u>eslògan</u> <u>publicitari</u> diu que el <u>nom</u> de la <u>ciutat</u> de <u>Barcelona</u> <u>conté</u> els <u>ingredients</u> <u>principals</u> de la vida barcelonina: <u>BAR</u> – CEL – ONA. '<u>Bar</u>' <u>és</u> <u>evident</u>, 'cel' es <u>refereix</u> a <u>l'atmosfera</u> (<u>celestial</u>) i 'ona' són les <u>ondulacions</u> que <u>provoca</u> el <u>moviment</u> del mar. Molt <u>apropiat</u>.

Bars are a very important aspect of Mediterranean and Catalan life. Many people spend more than one hour a day in a bar. It is a social centre where personal and professional relationships are formed and developed. An advertising slogan says that the name of the city of Barcelona contains the main ingredients of life in Barcelona: BAR – CEL – ONA. Bar is obvious, 'cel' refers to the sky, and 'ona' to the waves caused by the movement of the sea. Most appropriate.

Unit 5

Exercise 1

	poder	estar	hi ha
2		✓	
3	✓		
4			✓
5	✓		
6	✓		
7			✓
8		✓	
9	✓	✓	

Exercise 2

1 comunicar 2 cognom 3 satisfacció 4 investigar

Exercise 3

	Pau	Eloi
1	✗	
2		✗
3		✗
4	✗	
5		✗
6		✗
7		✗
8	✗	
9		✗

Exercise 4

1 La Jennifer i el seu germà són de Glasgow. 2 El Felip i la seva família estan molt bé. 3 El Tom i els seus pares són amabilíssims. 4 El Tom i el seu germà estan malament/no estan bé. 5 La Rachel i els seus pares són simpàtics.

Exercise 5

Hola, senyor Sugranyes, com està?
Molt bé, gràcies.
Molt de gust/encantada.
No, sóc anglesa.
Gràcies, i vostè també parla català molt bé. D'on és vostè?

Translation of Text 1

Hello James, I am well, how are you? I am contacting you via email because your phone isn't working; what's up? I often call but can't get an answer. Your phone is always engaged. I want to talk to you. I now have a permanent address. It is carrer Monterols, 16. My phone number is 6758942. I've got a surprise for you. I want you to meet my friend Marc. His wife is English and he is an architect like you. They are really, really nice. They are very interested in Gaudí and they want to talk with you. Love, Teresa.

Exercise 6

5, 3, 1, 4, 2

Exercise 7

1 Connectem – telefonem – Volem – tenim – Estem – Podem 2 Connecten – telefonen – Volen – tenen – Estan – Poden

Unit 6

Exercise 1

El <u>meu</u> pare es diu <u>Marc</u> i la <u>meva</u> mare es diu <u>Laura</u>. El <u>meu</u> marit es diu <u>Jordi</u> i els meus sogres es diuen Mercè i Agustí. El Jordi i la Rosina tenen dues filles: les <u>seves</u> filles es diuen Alba i <u>Neus</u>. Els seus avis es diuen Agustí i Marc.

Exercise 3

A context, amic
B dona, dinastia, mare
C cosins, francesos, contextos, Valencians, pantalons, plurals, cafès, telèfons, irlandesos, discos
D filles, generacions, amigues, americanes, nacions

Exercise 4

1a 2f 3e 4d 5g 6h 7b 8c

Exercise 5

1g 2h 3a 4f 5c 6e 7i 8b 9d

Exercise 6

	1st person: /m/	2nd person /t/	3rd person /l/
1	✗		
2			✗
3		✗	
4	✗		
5			✗
6		✗	
7			✗
8		✗	

Exercise 7

Sí, sóc el Nicholas. Qui ets?
Quants germans té?
Qui és aquest?
Quants anys té?
Té fills?
Quants anys tenen?

Exercise 8

Tinc dos germans i una germana.
Sí, aquesta és una foto de la meva família. La meva germana és aquesta, amb la camisa blanca i la faldilla taronja. Viu a Austràlia. No, es diu Daniel, és el marit de la meva germana. Els meus germans són aquests. Aquest és diu James i aquell és el Terry.
Es diu Anne, viu a Melbourne, té vint anys. Té una filla i un fill.

Unit 7

Exercise 1

2 perdoni, a la 3 perdona, al 4 sap, al 5 és, a la 6 saps, al 7 perdoni, al 8 perdona, al

Exercise 2

1 D'on ets/és vostè? Sóc mallorquí. 2 Hola, bon dia, com estàs/està? 3 Què és això, sisplau? 4 De quin color és aquesta camisa? És groga. 5 Quin és el teu germà? 6 Com està el Martin? Està bé? No, està malament. 7 D'on és el teu pare/el seu pare? 8 Em dic Noah i sóc de San Francisco. 9 Estic molt bé, i tu (vostè) com estàs (està)? 10 Saps/sap on és la biblioteca? 11 El James és escocès. Està molt bé ara. És (està) a la plaça del Sol en un bar a prop de la Rambla.

Exercise 3

373, 452, 995, 123, 2871, 382, 765, 215, 3568, 640, 1189, 62433

Exercise 4

1 Vila 2 Calatrava 3 Fuster 4 Maragall 5 Roser i Taulet

Exercise 5

1e 2g 3a 4b 5f 6h 7d 8c

Exercise 6

2 Sí, agafi el primer carrer a mà esquerra i és a la dreta. 3 Sí, agafi el segon carrer a mà dreta i és a l'esquerra. 4 Sí, agafi el quart carrer a mà dreta i és a l'esquerra. 5 Sí, agafi el quart carrer a mà esquerra i és a la dreta. 6 Sí, agafi el segon carrer a mà esquerra i és a la dreta. 7 Sí, agafi el primer carrer a mà dreta i és a l'esquerra. 8 Sí, agafi el tercer carrer a mà dreta i és a l'esquerra.

Exercise 7

2 Ho sento, no hi ha un mercat a prop d'aquí, però hi ha un super-mercat. 3 Ho sento, no hi ha una caixa de Tarragona a prop d'aquí, però hi ha un Banc de Sabadell. 4 Ho sento, no hi ha un teatre, però hi ha el cine Kursal. 5 Ho sento, no hi ha una clínica, però hi ha una farmàcia. 6 Ho sento, no hi ha un herbolari, però hi ha una floristeria.

Exercise 8

Bona tarda. Tinc una habitació reservada.
Em dic Milner.
Milner. Ema – i – ela – ena – e – erra.
Pot repetir(-ho) sisplau?
Molt bé, gràcies. On és l'ascensor?
Fins ara.

Exercise 9

Barcelona is a large city, one of the more important of the Mediterranean. Its population is approximately two million inhabitants, but its metropolitan area has more than four million. It is situated between the sea and the mountains. It is an important commercial and administrative centre. There are many cultural, commercial and sporting activities: concerts, opera, theatre, cinema festivals, exhibitions, international fairs, conventions and meetings on many different themes. It is the European city favoured by many tourists for short visits and it has more than five hundred hotels of varying categories.

Unit 8

Exercise 1

	1	2	3	4	5	6
2				✗		
3		✗				
4	✗					
5	✗					
6					✗	
7			✗			
8				✗		
9	✗					

Exercise 2

1 visc – viviu – vivim – véns – vaig – viu – veniu 2 vas – vaig – viu
– aneu – anem – Vols venir

Exercise 3

2 Visc al carrer Aragó, entre Casanova i Muntaner. 3 Visc al carrer
Villaroel, entre València i Mallorca. 4 Vivim al carrer Muntaner,
entre Aragó i València. 5 Visc al carrer Enric Granados, entre
Rosselló i Provença. 6 Vivim al carrer Casanova, entre València i
Mallorca.

Exercise 4

1 al, entre, a 2 a, de, fins a, al, del, a 3 a prop de, entre 4 al, amb,
entre

Exercise 5

2 Menorca 3 Menorca 4 Menorca 5 Mallorca 6 Mallorca

Exercise 6

1 carrer de València. 2 carrer Rosselló.

Exercise 7

1 El Barri Gòtic. 2 L'Eixample. 3 Gràcia. 4 El Barri Gòtic.
5 In/around the squares.

Translation: Els barris

In the nineteenth century Barcelona was a very small city. It
consisted only of that part of town which now contains the districts
of El Raval and the old city. An important section of the old city
is the Gothic Quarter, the district favoured by many tourists and
visitors. It has very important historical buildings, for example the
Cathedral or the Saló del Tinell. At the end of the nineteeth century
the construction of the Eixample was the result of the industrial
revolution and it contains buildings by many famous architects like
Domènech i Montaner, Puig i Cadafalch and the most famous of
them all, Antoni Gaudí. L'Eixample connects Barcelona with other
centres of population which are nowadays districts of Barcelona.
For instance, there is the popular district of Gràcia, where the
atmosphere is made very pleasant by the large number of cafés,

restaurants and public spaces. One of the main characteristics of the district is that social life takes place in the squares, like plaça del Sol, la plaça del Diamant, la plaça Rius i Taulet, etc.

Unit 9

Exercise 1

2 Són les onze. 3 Són les nou. 4 Són les quatre. 5 És la una.

Exercise 2

2 Obren a les vuit del matí. 3 Tanquen a les onze de la nit. 4 Obren a les deu del matí i tanquen a les nou del vespre/de la nit. 5 Obren a les quatre de la tarda i tanquen a les vuit del vespre/de la nit. 6 Obren a les cinc de la tarda i tanquen a les deu de la nit. 7 Obren a les dotze de la nit i tanquen a les sis de la matinada/del matí.

Exercise 3

A Time expressions
B Exclamations/questions
C Adverbs in -**ment**
D Meals

	A	B	C	D
2	✓			
3		✓		
4				✓
5	✓	✓		
6			✓	✓
7		✓		
8		✓		
9	✓	✓		
10			✓	✓
11			✓	
12		✓		

Exercise 4

1 2.15 2 5.30 3 4.45 4 2.30 5 11.15 6 12.45

Exercise 5

1 És un quart de quatre. 2 Són dos quarts de dotze. 3 Són tres quarts de cinc. 4 Són dos quarts d'onze. 5 És un quart de set. 6 Són tres quarts de tres. 7 Són dos quarts de dues.

Exercise 6

2 8:12 Són les vuit i dotze minuts. 3 2:17 És un quart i dos minuts de tres. 4 3:35 Són dos quarts i cinc de quatre. 5 8:50 Són tres quarts i cinc de nou. 6 7:22/7:23 És un quart i mig de vuit.

Exercise 7

2 9:55 Falten cinc minuts per les deu. 3 12:27 Falten tres minuts per dos quarts d'una. 4 12:40 Falten cinc minuts per tres quarts d'una. 5 7:50 Són les vuit menys deu. Falten deu minuts per les vuit. 6 5:25 Són dos quarts menys cinc de sis. Falten cinc minuts per dos quarts de sis.

Exercise 8

1 Avui volem fer moltes coses. 2 Sempre dinem a les dues. 3 Quin horari fan-fa? 4 A quina hora tanquen-tanca? 5 Obrim a les quatre i tanquem a les vuit. 6 El dimecres i el dijous surt de la feina molt tard. 7 El diumenge sortim. 8 No l' entenc, pot parlar més a poc a poc, sisplau? Quina hora diu exactament?

Exercise 9

1 Vull anar a passejar. 2 D'acord. Què vols fer aquest vespre? 3 Sí, a quina hora? 4 No t'entenc. Quina hora dius? 5 Òndia, que tard!

Exercise 10

1 Cognom Amorós. 2 A deu minuts de la Rambla. 3 El Joan i la Mirna. 4 Argentina, de Còrdoba. 5 El vespre fem cinc o sis hores. 6 Passejo ràpidament per la Rambla. 7 Quatre de la tarda. 8 L'únic dia que no sóc a la Rambla és el dissabte. 9 Però molt interessant.

Unit 10

Exercise 1

2 barata 3 barat 4 barates 5 cars 6 cares, bona, barat 7 cars

Exercise 2

1d 2f 3e 4b 5a 6c

Exercise 3

1 et (indirect); càmera (direct) 2 un cotxe (direct); mare (indirect) 3 us (direct) 4 m' (indirect) 5 els (direct) 6 em (indirect); tele (direct) 7 li (indirect); bicicleta (direct)

Exercise 4

	Que	Què
1	✓	
2		✓
3	✓	
4		✓
5	✓	
6		✓
7	✓	
8		✓

Exercise 5

1 pernil 2 xoriço 3 xoriço 4 xoriço 5 botifarra 6 botifarra 7 botifarra 8 botifarra

Exercise 6

1 quin 2 posi-me'n 3 què 4 que 5 en 6 alguna 7 res més

Exercise 7

	Item	Cost
2	200g of cheese	9,99€
3	½kg of apples	2,65€
4	1 litre of olive oil	3,05€
5	10 slices of cured ham	7,40€
6	1kg of squid	4,75€

Exercise 8

Ara sóc jo.
Posi'm un paquet de cafè i una bossa de patates fregides.
Sí, una ampolla de llet.
Un quilo de mandarines i i un meló petit de mig quilo.
Sí, i tres quarts de quilo de calamars.
On és la peixateria?
Sí, al final del carrer a mà esquerra, a prop de la plaça.

Unit 11

Exercise 1

1 m'agraden 2 m'agrada, m'agraden 3 m'agrada 4 m'agrada, m'agraden 5 m'agrada 6 m'agraden 7 m'agraden, m'agrada

Exercise 2

M'agrada. Què et semblen els musclos?
I què et sembla la sípia?
M'agrada aquest restaurant. Què et sembla el restaurant?
No em sembla car. Està bé de preu i és molt bo.
Sí, m'agrada molt.

Exercise 3

1f 2i 3g 4e 5h 6d 7b 8c 9a

Exercise 4

	gens ni mica	gens	gaire	força	molt	molt-íssim
1						✓
2			✓			
3	✓					
4		✓				
5				✓		
6					✓	
7					✓	
8				✓		
9						✓

Exercise 5

1c 2e 3f 4h 5g 6a 7b 8d

Exercise 6

1 em 2 et 3 li 4 li 5 a 6 mi 7 ens 8 us

Exercise 7

Ha estat un dia difícil. L'Andreu, la Montse i la Raisha han anat al cinema a Barcelona, però a mi no m'agraden les pel·lícules comercials. Em sembla que són força avorrides, no . . . són avorridíssimes. I la Raisha sempre diu: 'Que avorrit que ets, Blai!' però a mi tant me fa. A mi em sembla bé si no faig tot el que volen. Però a ells no els agrada gens ni mica. Jo he anat al bar amb la Tere però no ha anat gaire bé. Què puc fer? A mi ja em sembla bé. He parlat amb l'Andreu.

Unit 12

Exercise 1

1 esmorzo 2 menjo 3 vaig 4 mengem 5 passem 6 viu 7 surto 8 sopo 9 m'agrada 10 em sembla

Exercise 2

1 entrepà 2 tapa 3 hora

Exercise 3

Manolo! La taula quatre. Entrants: <u>una escarola amb romesco i dos sucs de taronja</u>. Per primer, una escudella, una truita de patates, i una paella marinera. Per segon, un conill <u>amb romesco</u>, un lluç <u>a la romana</u>, i uns calamars <u>a la planxa</u>. Cisco! Begudes: vi <u>blanc</u> de la casa i aigua mineral <u>amb</u> gas.

Exercise 4

Té peix i patates fregides?
Voldria el menú del dia. Què recomana?
Què és el romesco?
Té quetxup?
Una amanida verda.
De primer, paella i de segon bistec de vedella.
Una ampolla de vi negre.

Exercise 5

Four endings	Two endings
generoses	tradicionals
catalana	saludable
molt	excel·lent
únic	agradable
verda	refrescant
avorrida	originals
gustosos	
fresc	
casolana	
cru	
simpàtica	

educada
seriós
educat
simpàtic
maca

Exercise 6

1 és excel·lent 2 és saludable 3 són dolces 4 són bones 5 és bo
6 són gustosos 7 són anglesos 8 és americana 9 és negre 10 són
originals

Exercise 7

2 Els mercats 3 Passeig de Gràcia 4 La part central de la Diagonal
5 Ciutat Vella 6 Els Encants 7 El Corte Inglés

Exercise 8

Les botigues són una de les atraccions (un dels atractius) de Salou.
Hi ha botigues cares i exclusives i hi ha mercats alternatius per la
gent jove. A Salou, anar a comprar és sempre una experiència
agradable i tranquil·la. El diumenge, a la plaça Catalunya és
possible trobar tot tipus (tota mena) d'objectes exòtics i fascinants.
I si vol una experiència exclusiva vagi a un dels nostres restaurants
sofisticats on pot menjar les millors especialitats de la gastronomia
catalana. Li recomanem Salou, és ideal per un passeig (per passejar)
a prop del mar, la ciutat ideal per la gent que sap el que vol (saben
el que volen, *or* la gent amb criteris clars i ben definits). Benginvuts
a Salou! (Patronat Municipal de Turisme)

Exercise 9

2 vaig 3 va, vaig, van 4 vas 5 vaig, vaig, va, va, va

Exercise 10

Ahir, vaig dinar cap allà a (*or* al voltant de) les dues.
Vaig menjar l'amanida verda i la truita de patates.
Lluç a planxa.
Sí, em va agradar molt.
Em va semblar bé.
No, no vaig veure res especial.

Unit 13

Exercise 1

1d 2b 3a 4c 5e

Exercise 2

1 em 2 et 3 es 4 ens 5 m' 6 m' 7 em 8 em 9 et 10 es

Exercise 3

Ara em llevo a les cinc. Treballo al mercat. Esmorzo, i vaig a la feina. M'agrada molt la feina, és molt interessant perquè parlo amb molts clients diferents. Plego a les dues i vaig a casa. Llavors em dutxo, menjo, miro la tele, i faig la migdiada. Després, a les sis, vaig a comprar, i, cap allà a les nou, surto amb els meus amics. Normalment, anem a un bar a Gràcia, i passem el temps parlant. Generalment, arribo a casa, i vaig a dormir a mitja nit, perquè m'he de llevar aviat. I tu? A quina hora et lleves? Que treballes ara? Vols que quedem un vespre?

Exercise 4

1c 2e 3a 4d 5b

Exercise 5

2 4; 3 2; 4 3; 5 3; 6 1; 7 4; 8 6; 9 4; 10 3; 11 3; 12 2; 13 1

Exercise 6

Miraré l'agenda.
Un moment sisplau. No, no puc. He d'anar al dentista.
Ho sento no puc. Estic lliure a les onze. Què li sembla?
Sí, d'acord. Fins el dilluns vuit de maig *a les onze*. Passi-ho bé.

Exercise 7

1 escola 2 empresa 3 obrer especialitzat 4 peó 5 ajuntament 6 plantilla 7 hores extres 8 fàbrica 9 cap de personal

Exercise 8

1a 2a 3b 4b 5a 6b 7a 8b

Exercise 9

1 Treballo en una escola. És una feina força interessant i m'agrada molt. Però em sembla que treballo massa. Torno a casa a les nou del vespre. 2 Treballa a l'ajuntament. Li agrada força la feina. És ben interessant però arriba a casa molt tard. 3 Hem d'anar a recollir els nens de l'escola. Per això no podem fer hores extres. 4 Fa deu anys que treballem en una fàbrica a Manresa. Som obrers especialitzats. Tenim problemes amb el cap de personal. La nostra situació és força delicada. Hem de treballar moltes hores extres. 5 He treballat tot el dia i estic molt cansat. Ahir no vaig dormir gens. 6 No em fa cap gràcia quan no puc dormir.

Unit 14

Exercise 1

1 1; 2 2; 3 4; 4 6; 5 1; 6 2; 7 3; 8 5

Exercise 2

1 he anat al 2 ha entrat 3 han visitat 4 hem vist 5 has fet 6 han pogut 7 he tingut 8 s'ha dutxat

Exercise 3

Què has fet avui?
Que has comprat un llibre avui?
Que t'ha comprat una rosa, l'Elena?
Que sortiràs aquest vespre?

Exercise 4

1 A quina hora t'has llevat avui? 2 Què has esmorzat avui? 3 Què vas fer ahir? 4 On van dinar ahir? 5 (Que) ha plogut avui? 6 Què has fet aquesta tarda? 7 Què han fet aquest vespre? 8 Quan et vas llevar ahir? 9 (Que) t'has dutxat? 10 (Que) has visitat la catedral de València? 11 (Que) vas anar a la feina ahir?

Exercise 5

populars, important, combustibles, satírics, humorístics, artístics, diferents, explicatius, molta

Exercise 6

1 artista 2 bici 3 acompanyar 4 antiglobalista 5 mani 6 dentista 7 poli 8 optimista 9 cole 10 okupa 11 ecologia

Exercise 7

Estimada Anna, Ahir al matí, vaig anar a la catedral i a la tarda vaig visitar uns amics. Avui, he fet moltes coses i he visitat molts llocs. Ara estic menjant paella en un restaurant a prop de la plaça de la Reina. València ha tingut una història molt interessant. Avui és famosa per les Falles. Les Falles són fogueres amb ninots i altres materials combustibles. Vaig veure les Falles ahir i em van agradar molt: bon menjar, bona música, gent maca (bona gent). És una ciutat fascinant, vull tornar-hi l'any que ve. Demà, aniré a comprar i et compraré un regal molt especial. Una abraçada forta i molts petons, Claus.

Unit 15

Exercise 1

1 periodista 2 professor 3 cuiner 4 infermer 5 mecànic 6 pagès 7 arquitecte 8 actor 9 empresària

Exercise 2

1 en, a 2 a 3 en 4 en 5 a 6 al 7 al

Exercise 3

1c 2h 3f 4b 5d 6i 7e 8g 9a

Exercise 4

Without increment: tenim, teniu, sortiu, tinc, surt, dormo, tenim, vivim, surto, tens

With increment: comparteixo, coincidim, pateixo, patcixo, patiu, compartim

Exercise 5

pateixo, pateixes, pateix, patim, patiu, pateixen; comparteixo, comparteixes, comparteix, compartim, compartiu, comparteixen

Exercise 6

1 tenim 2 surto, sóc 3 compartim 4 prefereixo 5 compartim 6 surten 7 hi ha, obra 8 surt, agrada 9 dorms, saps 10 coincidim, treballem 11 pateix, pensa, trobar

Exercise 7

1 Hi ha més gent que és bilingüe. 2 No exageri! 3 Jo sempre penso que el vas està mig ple. 4 No estic d'acord. 5 Home, no sé què dir-li. 6 Jo pateixo molt per aquestes qüestions. 7 Per què no passa a la tisana?

Exercise 8

T'agrada la feina, oi que sí?
Per què t'agrada?
No estic d'acord. Prefereixo treballar en una oficina.
És que m'agrada treballar amb molta gent i anar al restaurant a dinar. Menjar al restaurant és saludable, oi que sí?
I com és que has vingut a Barcelona?
És que no hi ha mecànics al poble?

Unit 16

Exercise 1

va, vaig, vaig, va, vaig, van, van, vaig, vaig

Exercise 2

1 vaig viure 2 vam escriure 3 va dir 4 van expressar 5 vau sortir 6 van anar, va ser

Exercise 3

1 vaig 2 vaig a 3 vaig a 4 vaig 5 vaig 6 vaig a

Exercise 4

1 vivíem 2 eren, anaven 3 passejava 4 llegia 5 feia 6 estava

Exercise 5

vivia, anava, m'agradava, fèiem, era, eren, tenia, aprenia

Exercise 6

1 The preterite and the imperfect 2 Present, pluperfect, future

Exercise 7

Alternative 2

Exercise 8

1 filologia 2 de segona mà 3 deute 4 escalada 5 guanyar-se la vida

Exercise 9

Estudiava anglès (filologia anglesa) i treballava en un restaurant per guanyar-me la vida.

Cada dia em llevava a les sis perquè vivia lluny de la universitat. A la una anava a treballar al restaurant. Era una vida difícil.

Doncs, sí. Sí, un dia, mentre estudiava a casa, un amic d'un amic català em va telefonar i em va dir: 'He d'anar al Japó per sis mesos. Necessito una persona per viure al meu apartament a prop de la universitat'.

Sí, i cada mes em pagava mil dòlars.

No, i amb els diners vaig comprar un cotxe de segona mà i vaig viatjar a molts llocs interessants dels Estats Units.

Unit 17

Exercise 1

arribaré, anirem, dinarem, treballaré, visitaràs

Exercise 2

1 dormiré, sortiré, prendré 2 caminarem 3 anirem 4 sortiran, tornaran 5 estudiaré 6 viatjarà, passarà 7 podré 8 sabré

Exercise 3

va ser, farà, hi haurà, farà, arribaràn, arribarà, plourà, nevarà

Exercise 4

Aniré d'excursió a la muntanya.

Hi aniré amb dos amics.

Sí, tornarem a Barcelona a dos quarts de sis.

No ho sé. Em sembla que no faré res.

Em sembla una bona idea.

Em sembla que estàs equivocada. Encara tenim dues setmanes, oi que sí?

(Ai), tens raó! Doncs, haurem de fer moltes coses en una setmana. Que difícil!

Exercise 5

Rain will affect the interior and mountains.
The Balearics will be sunny with clear skies.
Not much rain in Valencia.

Exercise 6

L'Eduard diu que farà bon temps aquest cap de setmana. Finalment podré anar a la platja, prendré el sol i visitaré els meus amics que viuen a prop. Si vols, la setmana que ve, podem anar d'excursió a Montserrat. M'agrada Montserrat perquè les muntanyes són espectaculars i l'escalada és excel·lent, però l'última vegada que vaig anar-hi va nevar i feia molt fred. Per què no quedem el diumenge al vespre i ho discutirem?

Exercise 7

1 Rain and water in Maresme. Strong winds in Barcelona. 2 Sunny.
3 On the C33 near Montcada. 4 On the link to the A2 motorway.
5 Free-flowing.

Unit 18

Exercise 1

1b 2a 3c 4f 5d 6e

Exercise 2

Dialogue 1: **Em**, **me** and **li** refer to John. **Los** refers to **hotels**. *Dialogue 2*: **Em** refers to Liam, **li** to **010**, **n'(en)** refers to **botigues** and **les** refers to **samarretes**.

Exercise 3

Podria parlar amb el Sr. Ferrer?
Sóc el Sr. Pasqual, quan puc trucar?
Sí, pot dir-li que voldria parlar amb ell? Trucaré aquesta tarda a les cinc. És important.
Gràcies, fins a la tarda.

Exercise 4

1c 2a 3b 4d

Exercise 5

1 Que ho passis bé a la Costa Brava. 2 Què fas? La Mònica diu que no té cotxe. Tens cotxe tu? Pots agafar el del teu pare? De pressa. 3 Que hi ha la Maria amb tu? L'estem buscant. Si saps on és, truca.

Exercise 6

Hola, on ets?
Perdona, no et sento.
Ara et sento, que em sents?
Escolta, has reservat l'habitació?
Però, vas dir que ho faries.
D'acord, ho faré, em pots donar el número de telèfon?
Deixa'm un missatge amb el número, trucaré.

Unit 19

Exercise 1

has dit, no sé què dir-te, mira, tens, mira, què et sembla, et sembla, pots estar tranquil·la, no et preocupis, arribis, et recomano que vagis, escolta, escolta, has dit, para, para, paris

Exercise 2

Han dit, aniríem, agafem, tenen, poden, no es preocupin, quan arribin, vagin, farem, vam llogar, hem passat, tenim, volem

Exercise 3

Eduard,
 He agafat un taxi a l'estació de Sants per anar a l'aeroport i hi havia molt trànsit. Jo volia agafar el metro però tenia la maleta i el taxista ha dit que em podria portar directament a l'aeroport. Però no tenia trenta euros per pagar el taxista! Al final he agafat el metro i el tren i he arribat a l'aeroport amb només cinc minuts per facturar l'equipatge! Una abraçada, Rachel.

Exercise 4

1b 2c 3a

Exercise 5

1 It is a ticket that allows unlimited travel for 1–2–3 days in the Barcelona area. Purchase provides discounts on museum entrance

fees and other places of interest. 2 Hire a car. 3 It is an extensive network and is economical to use.

Exercise 6

aparcament, escales mecàniques, arribades, venda de bitllets, lloguer de cotxes

Exercise 7

Voldria informació sobre com anar des de Vilafranca a Granollers, quina és la millor manera d'anar-hi? Que hi ha un tren per anar a Granollers?
Sí, però prefereixo anar amb tren. Em pot dir si hi ha consigna a Sants? Quan arribi a Sants, voldria deixar-hi l'equipatge.
Quant val?
Sap de quina via surt el tren a Sants?
Molt bé. Em pot dir si hi ha un tren després de les tres?
Potser és millor que vagi amb autocar. No tindré gaire temps per la connexió a Sants i arribaré més aviat a Granollers.

Unit 20

Exercise 1

Voice message 1 : email 3
Voice message 2 : email 1
Voice message 3 : email 2

Exercici 4

1 V 2 F 3 V 4 V 5 F 6 V 7 V

Catalan–English glossary

A

abans (de)	before
abraçada (f.)	embrace, love
acabar	to finish
acollidor	welcoming
acompanyar	to go with (someone)
aconseguir	to achieve
actitud (f.)	attitude
adéu	goodbye
adjunt, -a	attached, enclosed
afaitar-se	to shave
agafar	to take, to take hold of
agenda (f.)	diary
agradable	pleasant
agrair	to thank
ahir	yesterday
aigua (f.)	water
així	like this
això	this/that
ajuntament (m.)	town hall
algun, -a	some
allà	there
allotjament (m.)	accommodation
amable	kind
amanida (f.)	salad
amanir	to dress, to season
amant (m./f.)	lover
amb	with

ambient (m.)	atmosphere
àmbit (m.)	sphere
amic, **amiga**	friend
anar	to go
Anglaterra	England
animació (f.)	lively activity
aparcament (m.)	car park
apartar	to put to one side
àpat (m.)	meal
aprendre	to learn
aprofitar	to make use of, to make the best of
apuntar	to note down
aquell, -a	that one (over there)
aquest, -a	this one (over here)
aquí	here
ara	now
arreglar	to sort things out, to mend
arreu	everywhere
arribada (f.)	arrivals
arribar	to arrive
arròs (m.)	rice
artesanal	home-made (craft)
ascensor (m.)	lift, elevator
assaborir	to savour
atleta (m./f.)	athlete
autobús (m.)	bus

autocar (m.)	coach
autopista (f.)	motorway
aventura (f.)	adventure
aviat	soon, early
avorrit	boring
avui	today

B

baixar	to go down, to get off
barat	cheap
barreja (f.)	mixture
base de dades (f.)	database
benvingut, -uda	welcome
berenar (m.)	afternoon snack, afternoon tea
bistec (m.)	steak
blanc, -a	white
bo, bona	good
boda (f.)	wedding
bomba (f.)	bomb
bombers (m. pl.)	firemen
bon dia	good day, good morning
bona tarda	good afternoon
bossa (f.)	bag, purse
botifarra (f.)	cooked pork sausage
botiga (f.)	shop
botiguer, -a	shopkeeper
buit, -da	empty
buscar	to look for

C

cabra (f.)	goat
cada	each, every
calamar (m.)	squid
cambrer (m.)	waiter
caminar	to walk
camisa (f.)	shirt
camp (m.)	countryside, field
campionat (m.)	championship
cangur (m./f.)	babysitter (kangaroo)
cansat, -ada	tired
cantant (m./f.)	singer
cantonada	corner
canvi (m.)	change
canvi (en)	instead, on the other hand
cap	head, any, none
capella (f.)	chapel
car, -a	expensive
cara (f.)	face
característica (f.)	characteristic
carn (f.)	meat
carnisseria (f.)	butcher's
carrer (m.)	street
carrera (f.)	university degree course, studies
carretera (f.)	road
carril (m.)	traffic lane
carta (f.)	letter
casa (f.)	house, home
casat, -ada	married
casolà	home-made
casteller, -a	castle-builder
cavall (m.)	horse
ceba (f.)	onion
cervesa (f.)	beer
cinturó (m.)	belt
circulació (f.)	traffic circulation
ciutat (f.)	town, city
claredat (f.)	clarity
clima (m.)	climate
cobrar	to take payment

coincidir	to coincide, to be together
com	how, like, as
començar	to start
compartir	share
comprar	to buy
comunicar	to be engaged, to communicate
conèixer	to know (people), to be acquainted with
connectar	to connect
consigna (f.)	left-luggage office
consultar	to consult
cordialment	warm greetings
córrer	run
corresponsal (m./f.)	correspondent
correus (m.)	postal service
cosa (f.)	thing
costat (m.)	side
costum (m.)	habit, custom
cotxe (m.)	car
creure	to believe
cru, -a	raw
cuina (f.)	cuisine, kitchen
cuinar	to cook
cuiner (m.)	cook, chef
curs (m.)	course
cursa (f.)	race
curt, -a	short

D

d'acord	agreed, OK, fine
de/d'	of, from
dedicar-se (a)	to work as
demanar	to order, to ask for
dents (f.)	teeth
depèn	it depends

dependent	shopkeeper
des de	from, since
desaparèixer	to disappear
desesperat, -ada	desperate
després	after, then
destacar	to point out
deute (m.)	debt
dia (m.)	day
diari (m.)	newspaper
dinar (m.)	lunch
diners (m. pl.)	money
dintre	inside
dir	to say
directament	directly
directe	non-stop
discutir	to discuss
disponible	available
dissenyador (m.)	designer
distingit, -ida	dear (formal)
divertit, -da	funny, entertaining
dolent, -a	bad
dona (f.)	woman, wife
donar	to give
donar classes	to teach
doncs	then, well
dormir	to sleep
dreta (f.)	right
dubtar	to doubt
durant	during
dutxar-se	to have a shower

E

educat, -ada	polite
empleat, -ada (m./f.)	employee
empresa (f.)	company
encantat, -ada	delighted/pleased to meet you

encara	still
encàrrec (m.)	errand
enciam (m.)	lettuce
enllaç (m.)	link
enlloc de	instead of
entendre	understand
entrants (m. pl.)	starters
entrar	to go in
entre	between
entrepà (m.)	sandwich
entrevistador (m.)	interviewer
enviar	to send
equipatge (m.)	luggage
equivocar-se	to be mistaken
escalada	rock climbing
escarola (f.)	broad-leafed endive
escola (f.)	school
escoltar	to listen
escriure	to write
esmorzar (m.)	breakfast
espai (m.)	space
especialitat (f.)	speciality
esperar	to wait
esportiu, -iva	sports
esquerra (f.)	left
estació de metro (f.)	underground station
estalviar	to save
estar a punt de	to be about to
estimar	to love
estona (f.)	while (period of time)
estranger (m./f.)	foreigner
estrella (f.)	star
estressant	stressful
estudiar	to study
ètnic	ethnic
explicar	to explain

F

fàbrica (f.)	factory
fàcil	easy
facturar	to check in luggage
faixa (f.)	sash, belt
feina (f.)	work, job
fer de	to work as
fer gràcia	to amuse
fer migdiada	to have a siesta
fer	to do, to make
ferrocarril (m.)	train
fill, filla	son, daughter
final (m.)	end
fins ara	see you soon
fins i tot	even
fins que	until
fira (f.)	fair
fora	outside
foraster (m.)	foreigner, outsider
força	quite, a lot
forestal	forestry
formatge (m.)	cheese
fosc, -a	dark
fresc, -a	fresh
fruita (f.)	fruit
fullet (m.)	leaflet
fum (m.)	smoke

G

gaire	not very
gairebé	almost
gallina (f.)	chicken
gamba (f.)	prawn
gens	not at all
gent (f.)	people
germana (f.)	sister
gimnàs (m.)	gym
gira (f.)	tour
gos (m.)	dog

gràcies	thank you	**litoral** (m.)	coast (littoral)
gran	big, old	**Londres**	London
grans (m. pl.)	grown ups	**llarg, -a**	long
gros, grossa	big, large	**llavors**	then
guanyar-se la	to earn a living	**llegir**	to read
vida		**llengua** (f.)	language
gustós	tasty	**llet** (f.)	milk
		lleuger, -a	light
H		**llevar-se**	to get up, to get
			out of bed
habitació (f.)	room	**llibre** (m.)	book
haver de	to have to	**llibreria** (f.)	bookshop
herbolari (m.)	herbalist	**llista** (f.)	list
hora (f.)	hour, time	**lliure**	free
horari (m.)	opening hours	**lloc** (m.)	place
		lloguer (m.)	hire, charge
		lluç (m.)	hake
I		**lluny**	far
illenc, -a	islander		
impressora (f.)	computer printer	**M**	
inclòs, -osa	included		
infermer, -a	nurse	**mà** (f.)	hand
(m./f.)		**maco, -a**	handsome,
infusió (f.)	herbal tea		sweetheart,
iniciar	to begin		my love, good
inundació (f.)	flood	**madur, -a**	ripe
IVA	VAT	**mai**	never
		majoria (f.)	majority
J		**malament**	badly
		malauradament	unfortunately
ja	no longer, already,	**maleta** (f.)	suitcase
	yet	**mapa** (m.)	map
jardí (m.)	garden	**marxa** (f.)	action, nightlife,
julivert (m.)	parsley		zest for life
junt	together	**masia** (f.)	traditional
jurat (m.)	jury		farmhouse
		mateix,-a	the same
L		**meitat** (f.)	half
		menjador (m.)	dining room
laboral	work (related)	**mentre**	while
lavabos (m. pl.)	toilets	**més**	more
lent, -a	slow	**més aviat**	rather, sooner

metge (m./f.)	doctor		**oficina** (f.)	office
metro (m.)	underground		**oliva** (f.)	olive
meu, meva	my		**on**	where
mica (f.)	a little, fairly		**opinar**	to think, to express an opinion
millor	better			
minusvàlid, -ida (m./f.)	person with a disability		**ostres!**	gosh!, crikey!
mirar	to look			
mobles (m. pl.)	furniture		## P	
mòdul (m.)	module			
molt, -a	very, much		**pa** (m.)	bread
món (m.)	world		**pagar**	to pay
moneda (f.)	coin		**pagès** (m.)	peasant, farmer, farmworker
motxilla (f.)	rucksack			
muntar	to ride		**pàgina** (f.)	page
musclo (m.)	mussel		**país** (m.)	country
museu (m.)	museum		**paisatge** (m.)	landscape
			palau (m.)	palace
## N			**parada** (f.)	stall, stop
			parar	to stop
Nadal (m.)	Christmas		**pare** (m.)	father, parent
nadar	to swim		**parell** (m.)	couple
necessitar	to need		**parlar**	to speak
negre, -a	black		**passar**	to spend, pass, happen
néixer	to be born			
nen (m.)	child, boy		**passar-s'ho bé**	to have a good time
noi	boy, girl			
nom (m.)	name		**passejar**	to stroll
només	only		**passi-ho bé**	goodbye
notícia (f.)	news item		**pastisseria** (f.)	cake shop, bakery
nou, nova	new		**patates fregides**	crisps, chips
número (m.)	number		**patir**	to suffer
			pebrots (m. pl.)	peppers
## O			**peixateria** (f.)	fishmonger's
			pel·lícula (f.)	film
obert, -a	open		**pensar**	to think
obertura (f.)	opening (up)		**peó** (m.)	labourer, unskilled worker
obra (f.)	work			
obres (en)	building site		**per això**	for this reason
obrir	to open		**per tant**	therefore
ocupat, -a	occupied, busy		**per**	(in order) to, by, through
oferta (f.)	offer			

perdona	excuse me
perdre	to lose
periodista (m./f.)	journalist
pernil (m.)	cured ham
però	but
perquè	because
petit, -a	small
peu (m.)	foot
pis (m.)	floor, flat, apartment
piscina (f.)	swimming pool
plaça (f.)	square
plaer (m.)	pleasure
plantilla (f.)	staff, work force
planxa	hotplate
plat (m.)	plate, dish, course
plata (f.)	silver
platja (f.)	beach
ple, **plena**	full
plegar	finish work
ploure	to rain
plovent	raining
poble (m.)	village, small town
poc	little
poder	to be able
poma (f.)	apple
port (m.)	harbour, port
portar	to bring
posar	to put; to serve, give
postres (f. pl.)	dessert
potser	maybe, perhaps
preferir	to prefer
preguntar	to ask
prendre	to take, to have (drink, etc.)
pressa (f.)	hurry
pressa (de)	quickly
preu (m.)	price

primer cognom	first surname
procedent	coming from
professor, -a (m./f.)	teacher
prometre	to promise
prou	enough
provar	to try
pujar	to go up, to get on
puntualment	locally

Q

qualsevol	any
quan	when
quant?	how much?
quant val?	how much is it?
quantitat (f.)	quantity
que	that, which, who, how
què?	what
que tard!	how late!
quedar	to arrange to meet
quedar-se	to stay
qui	who
quina llàstima!	what a pity

R

ratolí (m.)	mouse
ratxa (f.)	gust
realitzar	to carry out, to practise, to do, to realise
rebre	to receive
recollir	pick up
recomanable	advisable
recomanar	to recommend
refrescant	refreshing
refugiar-se	to take refuge
regal (m.)	present, gift
regalar	to give (a gift)
regla (f.)	rule

rentar-se	to wash (oneself)		**sortida** (f.)	exit, departure
resposta (f.)	answer		**sovint**	often
retenció (f.)	hold up		**suc** (m.)	juice
reunió (f.)	meeting			
riure	to laugh		**T**	
rosa (f.)	rose			
			també	also
S			**tampoc**	neither
			tan	so
saber	to know		**tancar**	to close
sala (f.)	room		**tant**	so often, so much
saludable	healthy		**tard**	late
salut (f.)	health, cheers		**taronja** (f.)	orange
samarreta (f.)	T-shirt, football shirt		**te** (m.)	tea
sant, -a (m./f.)	saint		**témer**	to fear
segons	according		**temporada** (f.)	period (of time), season
segur, -a	sure		**tenir**	to have
semblar-se	to look like		**tenir ... anys**	to be ... years old
sempre	always		**tenir sort**	to be lucky
sencer, -a	whole		**terra** (f.)	earth
sense	without		**tipus** (m.)	type
ser	to be		**tocar**	to be one's turn, to touch
servir	to serve, to be of use		**tomàquet** (m.)	tomato
si	if		**tornar a**	to return, to come back, to do something again
sí	yes			
signar	to sign			
simpàtic, -a	nice, likeable, friendly		**tornar-se**	to become
sinó (no sols ... sinó ...)	but, (not only ... but also ...)		**tot**	all
			tot i així	even so
sípia (f.)	cuttlefish		**tot seguit**	straight after
sisplau	please		**tota mena**	every type
sobretot	above all		**tothom**	everybody
sobte (de)	suddenly		**tractament** (m.)	treatment
sol (m.)	sun		**traductor,-a**	translator
sol, -a	alone		**transbord** (m.)	change of trains
soler	to usually do something		**trànsit** (m.)	traffic
			trobar	to find
			trucar	to call
sonar	to sound		**truita** (f.)	omelette

U

una mica	a little
únic, -a	the only (one)
útil	useful

V

vacances (f. pl.)	holiday
vagó (m.)	carriage
variar	to vary
vas (m.)	glass, cup
vedella (f.)	veal
vegada	time
veí, veïna (m.)	neighbour
vell, -a	old
vendre	to sell
venir	to come
verdura (f.)	vegetable

veritat (f.)	truth
vermell, -a	red
vespre (m.)	evening
vestit (m.)	costume
veure	to see
vi (m.)	wine
via (f.)	platform (track)
viatge (m.)	journey
viatjar	to travel
vida (f.)	life
visitar	to visit
viure	to live
vol (m.)	flight
voler	to want

X

xarcuteria (f.)	charcuterie, delicatessen

English–Catalan glossary

A

afternoon	la tarda
afterwards	després
almost	gairebé, quasi
and	i
anything	res, qualsevol cosa
arrange to meet (to)	quedar
arrive (to)	arribar
at all	gens
attraction	l'atracció

B

be (to)	ser, estar
because	perquè
best, better	millor
bilingual	bilingüe
bill	el compte
boring	avorrit, -ida
brother	germà
buy (to)	comprar

C

can, be able (to)	poder
change (to)	canviar (a), passar (a)
cheap	barat, -a

children / C continued

children	els fills
climbing	l'escalada
collect (to)	recollir
come (to)	venir
connection	la connexió
cost (to)	valer

D

daughter	la filla
day	el dia
dear	estimat, -da, benvolgut, -uda, distingit, -ida
difficult	difícil
disagree (to)	no estar d'acord
do (to)	fer
drink (to)	beure

E

each	cada
early	aviat
evening	el vespre
everything	tot
exclusive	exclusiu, -va
expensive	car, -a
experience (to)	l'experiència

F

famous	**famós, -a**
far	**lluny**
fascinating	**fascinant**
feel (to)	**sentir**
film	**la pel·lícula**
finally	**finalment**
finish work (to)	**plegar**
for this reason	**per això**
free	**lliure**
friend	**l'amic,**
	l'amiga
friendly	**amable,**
	simpàtic, -a
full	**ple, plena**

G

get up (to)	**llevar-se**
glass	**el vas**
go (to)	**anar**
goodbye	**adéu**
green	**verd, -a**

H

half	**mig, mitja**
have (to)	**tenir**
have a siesta (to)	**fer la migdiada**
have breakfast (to)	**esmorzar**
have lunch (to)	**dinar**
hear (to)	**sentir**
hello	**hola**
how	**com, que**
how much	**quant**
husband	**el marit**

I

in	**a**
information	**l'informació**
interesting	**interessant**
introduce (to)	**presentar,**
	introduir

J

Japan	**el Japó**
job	**la feina**

K

kisses	**petons**
know (to)	**saber**

L

last	**últim, -a**
late	**tard**
left luggage	**la consigna**
life	**la vida**
like (to)	**agradar-se**
live (to)	**viure**
look (to)	**mirar**
lots of love	**una abraçada forta**

M

make (to)	**fer**
money	**els diners**
month	**mes**
mountain	**la muntanya**

N

name	**nom**
near	**a prop**
need (to)	**necessitar**

normally	**normalment**	skirt	**la falda**
now	**ara**	sleep (to)	**dormir**
		someone	**algú**
O		something	**alguna cosa**
		son	**el fill**
object	**l'objecte**	sorry	**ho sento**
omelette	**la truita**	speak (to)	**parlar**
orange	**la taronja**	special	**especial**
		spectacular	**espectacular**
P		still	**encara**
		study (to)	**estudiar**
pay (to)	**pagar**	suffer (to)	**patir**
people	**la gent**	surname	**cognom**
persona	**la persona**		
phone (to)	**trucar,**	**T**	
	telefonar		
photo	**la foto**	take (to)	**portar**
place	**el lloc**	talk (to)	**parlar**
please	**sisplau**	thank you	**gràcies**
pleased to meet you	**encantat, -da**	that	**que, aquell, -a**
		the	**el, la**
potato	**la patata**	then	**llavors**
prefer (to)	**preferir**	think (to)	**semblar-se,**
			pensar
R		this	**aquest, -a**
		time	**l'hora,**
rain (to)	**ploure**		**el temps,**
reach (to)	**arribar**		**la vegada**
recommend (to)	**recomanar**	tired	**cansat, -ada**
repeat (to)	**repetir**	today	**avui**
reserve (to)	**reservar**	too (much)	**massa**
return (to)	**tornar**	town, city	**la ciutat**
		town hall	**l'ajuntament**
S		travel (to)	**viatjar**
		true	**vertader, -a**
salad	**l'amanida**	type	**el típus**
say (to)	**dir**		
school	**l'escola**	**U**	
sea	**el mar**		
shirt	**la camisa**	understand (to)	**entendre**
shop	**la botiga**	usually	**normalment,**
shower (to)	**dutxar-se**		**generalment**
sister	**la germana**		

V

very	**molt, -a**
village	**el poble**
visit (to)	**visitar**

W

walk (to)	**passejar, caminar**
want (to)	**voler**
watch (to)	**mirar**
way	**la manera**
well	**bé**
what	**què**

when	**quan**
where	**on**
which	**que**
white	**blanc, -a**
why	**per què**
wrong	**equivocat, -da**

Y

year	**l'any**
yesterday	**ahir**
you	**tu**
young people	**la gent jove**
your	**el teu, la teva**

Index